ler / falar / escrever
**práticas discursivas no ensino médio**
uma proposta teórico-metodológica

**Lexikon** | *obras de referência*

CILENE DA CUNHA PEREIRA
JANETE DOS SANTOS BESSA NEVES

ler / falar / escrever
# práticas discursivas no ensino médio
uma proposta teórico-metodológica

© 2012, by Cilene da Cunha Pereira & Janete dos Santos Bessa Neves

Direitos de edição da obra em língua portuguesa adquiridos pela Lexikon Editora Digital Ltda. Todos os direitos reservados. Nenhuma parte desta obra pode ser apropriada e estocada em sistema de banco de dados ou processo similar, em qualquer forma ou meio, seja eletrônico, de fotocópia, gravação etc., sem a permissão do detentor do copirraite.

LEXIKON EDITORA DIGITAL LTDA.
Rua da Assembleia, 92/3º andar – Centro
20011-000 Rio de Janeiro – RJ – Brasil
Tel.: (21) 2526-6800 – Fax: (21) 2526-6824
www.lexikon.com.br – sac@lexikon.com.br

Veja também www.aulete.com.br – seu dicionário na internet

DIRETOR EDITORIAL
*Carlos Augusto Lacerda*

PRODUÇÃO
*Sonia Hey*

EDITOR
*Paulo Geiger*

PROJETO GRÁFICO, DIAGRAMAÇÃO E CAPA
*Filigrana*

CIP-BRASIL. CATALOGAÇÃO NA FONTE
SINDICATO NACIONAL DOS EDITORES DE LIVROS, RJ

P489l

Pereira, Cilene da Cunha,
   Ler / falar / escrever. Práticas discursivas no ensino médio : uma proposta teórico-metodológica / Cilene da Cunha Pereira, Janete dos Santos Bessa Neves. - Rio de Janeiro : Lexikon, 2012.
   240p.

   Inclui bibliografia
   ISBN 978-85-86368-78-3

   1. Língua Portuguesa (Ensino médio). 2. Língua Portuguesa - Gramática. 3. Literatura (Ensino médio). I. Neves, Janete dos Santos Bessa II. Título.

CDD: 469.8
CDU: 811.134.3

Todas as citações de textos citadas neste livro didático estão de acordo com a legislação, tendo por fim único e exclusivo o ensino. Caso exista algum texto a respeito do qual seja necessária a inclusão de informação adicional, ficamos à disposição para o contato pertinente. Do mesmo modo, fizemos todos os esforços para identificar e localizar os titulares dos direitos sobre as imagens publicadas, e estamos à disposição para suprir eventual omissão de crédito em futuras edições.

O material de publicidade e propaganda reproduzido nesta obra está sendo utilizado apenas para fins didáticos, não representando qualquer tipo de recomendação de produtos ou empresas por parte do(s) autor(es) ou da editora.

# Sumário

Apresentação 7

1. Introdução 9

2. Para aprender a aprender 13
   2.1 Observação, pensamento e reflexão 13
   2.2 Acesso ao conhecimento 18
      2.2.1 Trabalho de pesquis 19a
      2.2.2 Fichamento 21
      2.2.3 Resumo 22
      2.2.4 Resenha 28
   2.3 Portfólio 32

3. O ato de ler 35
   3.1 Leitura proficiente: competências e habilidades 36
   3.2 Unidades de informação 43
   3.3 Gêneros textuais 45
      3.3.1 Editorial 48
      3.3.2 Reportagem 52
      3.3.3 Artigo de opinião 55
      3.3.4 Carta de leitor 59
   3.4 Modos de organização do discurso 61
      3.4.1 Narrativo 61
      3.4.2 Descritivo 66
      3.4.3 Expositivo 71
      3.4.4 Argumentativo 75
      3.4.5 Instrucional ou injuntivo 76
      3.4.6 Dialogal 79
   3.5 Construção da significação: vocabulário e aspectos semânticos 82
      3.5.1 Polissemia 83
      3.5.2 Vocábulo e palavra 84
      3.5.3 Significação das palavras lexicais 86
      3.5.4 Funções dêitica, anafórica e catafórica 90

## 4. O ato de falar  92
### 4.1 Gêneros orais  95
### 4.2 A fala espontânea e a fala elaborada  98
#### 4.2.1 Apresentação oral  102
#### 4.2.2 Debate  106
#### 4.2.3 Júri simulado  108

## 5. O ato de escrever  111
### 5.1 Condições de produção de textos  116
#### 5.1.1 Tema  117
#### 5.1.2 Gênero  123
#### 5.1.3 Coesão e coerência  128
#### 5.1.4 Estratégias argumentativas  134
#### 5.1.5 Aspectos linguísticos  142
### 5.2 As diferentes vozes num texto  144
#### 5.2.1 Polifonia  145
#### 5.2.2 Intertextualidade  146
#### 5.2.3 Autoria  153
### 5.3. Critérios de avaliação da produção escrita  154

## 6. Lugar do discurso literário  161
### 6.1 A literatura no ensino médio  161
### 6.2 Diálogo entre obras de diferentes períodos  165
### 6.3 A personagem feminina na literatura brasileira  166
#### 6.3.1 Lúcia de *Lucíola*, de José de Alencar  168
#### 6.3.2 Capitu de *Dom Casmurro*, de Machado de Assis  173
#### 6.3.3 Gabriela de *Gabriela, cravo e canela*, de Jorge Amado  180

## 7. Enem: competências e habilidades  187
### 7.1 Matriz de referência  188
### 7.2 Comentários de questões objetivas  193
### 7.3 Comentários de uma proposta de redação  216

## 8. Conclusão  221

## Referências  223

## Anexo:
## Resumo do Novo Acordo Ortográfico  228

# Apresentação

Já soam como truísmos, de tão evidentes e reiterados que são, os conceitos educacionais de que 'ler' não é só decodificar letras para formar palavras, mas assimilar e apreender (e muitas vezes aprender) com a maior fidelidade possível aquilo que o texto pretende comunicar, ensinar, informar, em nível de cognição ou de emoção; de que 'falar' é só um meio necessário para 'dizer', para expressar tudo isso em discurso oral, seja para contar, narrar, argumentar, defender, protestar; e de que 'escrever' não é só desenhar com letras signos que representam os sons das palavras faladas, mas tornar acessível (e perpetuar) com clareza, equilíbrio e beleza o conhecimento ou sensação que se quer transmitir.

Este livro pretende ser uma ajuda valiosa, em suas conceituações, suas metodologias e seus subsídios didáticos específicos, ao professor que, em sala de aula, tem como missão preparar seus alunos para ler, falar e escrever, fundamentos da interação social, do aprendizado (como aquisição tanto de conhecimento como de comportamentos e valores) e da transmissão de ideias e sentimentos; ou seja, preprará-los para a cultura, em seu mais lato senso.

Nossos agradecimentos às autoras, que, com sua grande experiência tanto em sala de aula como nas formulações de princípios e métodos de ensino da língua materna, fizeram deste livro o que achávamos que ele deveria ser: uma ferramenta ao mesmo tempo teórica e prática, que os professores certamente apreciarão e utilizarão.

Os editores

# 1. Introdução

Costuma-se afirmar, hoje, que a população brasileira lê mal e escreve pior ainda e que tal fato se deve à deficiência do ensino da língua portuguesa nos cursos fundamental e médio. O baixo desempenho escolar dos alunos brasileiros, que vem se confirmando nos exames nacionais e internacionais, sobretudo em leitura e produção textual, não é peculiar apenas à nossa realidade educacional nem aos dias atuais.

Celso Cunha já alertara, na década de 60, em *Uma política do idioma*, sobre a deficiência do ensino da língua materna:

> O que está a matar o estudo do idioma em nossas escolas é que todo o ensino se faz na base do certo e do errado, do que é e do que não é vernáculo. É natural que se evitem os erros, isto é, as formas linguísticas que transgridem a norma coletiva ou que são inadequadas a determinada função, mas não se deve nem se pode agir no caso com demasiado rigor. Evitem-se os erros, os erros verdadeiros. Deixemos de lado as regras e as exceções. Estudemos a língua. O ensino de 1.º e 2.º graus é, por excelência, o de formação e, como tal, deve formar o aluno para a vida que vai realmente viver. (Cunha, 1976: 26-27)

E acrescenta:

> A língua de nossos dias reflete a civilização atual, rápida no enunciado, em virtude da própria rapidez vertiginosa do desenvolvimento material, científico e técnico: processos acrossêmicos, reduções às iniciais de longos títulos, interferências de vocabulários técnicos, intercomunicação de linguagens especiais, tudo vulgarizado imediatamente pelo jornal, pelo rádio, pela televisão. É uma língua em ebulição. E ainda bem, porque a petrificação linguística é a morte do idioma. A linguagem é, por excelência, uma atividade do espírito, e a vida espiritual consiste em um progresso constante. (Cunha, 1976: 33)

Texto de impressionante discernimento não só para a época em que foi escrito, mas, principalmente, para os dias atuais. Aos meios de vulgarização citados, podem-se acrescentar a internet, as redes sociais, os *tablets*, os *smartphones* e todos os dispositivos móveis a exigir frases curtas e suscitando novas maneiras de grafar palavras, abreviando-as.

Segundo os Parâmetros Curriculares Nacionais para o Ensino Médio (PCNEM), o ensino deve buscar desenvolver no aluno seu potencial crítico, sua capacidade como leitor proficiente dos diversos textos que circulam na sua cultura, sua competência de produzir e avaliar seus próprios textos e os de outros autores. "O aluno deve ter meios para ampliar e articular conhecimentos e competências que possam ser mobilizados nas inúmeras situações de uso da língua com que se depara na família, entre amigos, na escola, no mundo do trabalho." (PCN+, 2002: 55)

Os princípios metodológicos que orientam as avaliações oficiais priorizam a formação de competências e habilidades[1] necessárias à prática de leitura e de escrita, valorizam a pesquisa e apontam para um ensino interdisciplinar, que busque promover o diálogo entre as diferentes disciplinas para o desenvolvimento harmonioso do aluno, uma vez que o conhecimento é profundamente inter-relacionado.

Logo, o objetivo pedagógico da disciplina Língua Portuguesa deve centrar-se nos usos sociais da língua, ou seja, a linguagem deve ser tratada como forma de interação entre pessoas, de interpretação do mundo e de compartilhamento de informações (Bakhtin, 1992). Saber usar as variadas possibilidades de construção textual em função dos objetivos comunicativos é fundamental para o ensino-aprendizagem da Língua Portuguesa no ensino médio e deve contribuir para que o aluno, ampliando o seu domínio linguístico, possa participar ativamente do mundo em que vive.

---

[1] Segundo o PDN / SAEB – 2011, *competência* refere-se à "capacidade de agir eficazmente em um determinado tipo de situação, apoiando-se em conhecimentos, mas sem se limitar a eles" (p. 18), e as *habilidades* "referem-se, especificamente, ao plano objetivo e prático do saber fazer e decorrem, diretamente, das competências já adquiridas e que se transformam em habilidades" (p.18). Disponível em: <portal.mec.gov.br/dmdocuments/prova%20brasil_matriz2.pdf>. Acesso em: 30 dez. 2011.

O professor de Língua Portuguesa pode utilizar estratégias que levem o aluno a observar, pensar, refletir, organizar e transmitir ideias, informações e opiniões. Assim, as atividades em sala de aula devem centrar-se na leitura e produção de textos de diferentes gêneros, buscando ampliar a competência discursiva do aluno que o ajudará no pleno exercício da cidadania.

Mas o ensino e a aprendizagem da leitura e da escrita não podem restringir-se às aulas de Língua Portuguesa, nem à escola em seus diferentes níveis. É uma competência que envolve todas as atividades da vida social, como nos adverte, com muita lucidez, José Carlos de Azeredo:

> a leitura e a expressão são habilidades que embasam e permeiam a construção do conhecimento em todas as áreas do saber. Historiadores, geógrafos, matemáticos, biólogos, astrônomos, arquitetos, filósofos, cronistas esportivos, teólogos, antropólogos, juristas, políticos, economistas etc., etc. só se destacaram nas respectivas áreas e desfrutam de prestígio na sociedade em geral porque foram/são bons leitores e estavam/estão aptos a expressar o que pensavam/pensam e sabiam/sabem com desenvoltura e propriedade verbal. (Azeredo, 2005: 37-8)

*Práticas discursivas no ensino médio* pretende refletir sobre o ensino de língua materna, particularmente sobre as estratégias de leitura, de produção de textos orais e escritos com vista à ampliação da competência comunicativa do aluno, e fornecer subsídio teórico-metodológico para a formação inicial ou continuada de professores, objetivando a melhoria da qualidade de ensino de jovens brasileiros.

Este livro se organiza em seis capítulos, além da Introdução e da Conclusão: Para aprender a aprender; O ato de ler; O ato de falar; O ato de escrever; O lugar do discurso literário; ENEM: competências e habilidades. Apesar de tratarem de diferentes eixos do ensino médio, eles se relacionam, resultando em uma visão coesa e buscando evitar a segmentação no ensino.

Acrescentamos, em anexo, um resumo do Novo Acordo Ortográfico, que busca uniformizar a grafia das palavras nos oito países de língua portuguesa. No Brasil, entrou em vigor em 1º de janeiro de 2009, com um período de adaptação até 31 de dezembro de 2012. Esperamos que o resumo funcione como um guia útil de consulta.

Assim, nas atividades propostas ao longo deste livro, procuramos trabalhar as práticas da oralidade, da leitura, da escrita e da argumentação com o objetivo de desenvolver a competência discursiva do aluno para que ele seja capaz de ler, falar e escrever em qualquer contexto social e sobre qualquer assunto, porque é por meio de textos orais e escritos que as informações circulam entre as pessoas. Os conteúdos gramaticais deverão subsidiar a compreensão e a produção de textos de diferentes gêneros. A leitura de texto literário desenvolverá no aluno o prazer estético e a reflexão sobre o contexto histórico-político-cultural em que a obra foi produzida.

Gostaríamos de registrar nossos agradecimentos a Paulo Roberto Pereira e a Paulo César Bessa Neves, nossos incentivadores e interlocutores ao longo deste trabalho; a Carlos Augusto Lacerda e a Paulo Geiger, pela confiança e interesse demonstrados desde quando este livro era apenas um projeto; e aos colegas, pelas sugestões para a melhoria desta obra em suas próximas edições.

## 2. Para aprender a aprender

Apresentam-se, neste capítulo, tópicos em que se realiza uma preparação para a aquisição do conhecimento. Não existe aprendizagem sem uma pré-disposição do aluno no que respeita à sua conscientização da importância de se procurar adquirir conhecimento sobre as diferentes temáticas que cercam a vida dos jovens e das atividades que desenvolverão na escola e em seu futuro. Levar o aluno a entender a importância dos atos de observar, pensar e refletir contribuirá, com toda a certeza, para a busca e aquisição dos novos saberes e construção de um futuro promissor consoante as novas realidades. Esta é a premissa para se realizar as diferentes formas de um trabalho escolar.

### 2.1 Observação, pensamento e reflexão

Cabe ao professor estimular sempre o desenvolvimento de um pensamento crítico e a capacidade de reflexão para que o aluno se sinta integrado em um mundo que exige participação efetiva e consciente, diante dos inúmeros desafios e acontecimentos que envolvem seu cotidiano.

Estimular o desenvolvimento das habilidades de observar, pensar e refletir pode ser a base consistente para a aquisição de conhecimentos indispensáveis ao pleno exercício da cidadania. O aluno deve, assim, ser orientado a entender que não poderá se distanciar das atividades que o levem a exercitar o pensamento crítico. Isso lhe oferecerá as condições necessárias à aquisição de conhecimentos no mundo contemporâneo, considerando que pensar, por exemplo, é a capacidade de organizar informações adquiridas na leitura e na observação do mundo, a fim de tirar conclusões para situações que demandem um pensamento criativo.

Este livro sugere atividades que propiciem ao aluno a oportunidade de observar, pensar e refletir sobre assuntos do dia a dia, em que ele possa vivenciar experiências que o levem a ter uma postura de amadurecimento, de autonomia e de cidadão crítico para se adequar ao mundo, pois a reflexão se constrói sobre conhecimentos adquiridos e internalizados.

As temáticas serão apresentadas em textos, em que o aluno deverá, a partir de dados e informações, posicionar-se criticamente e encontrar abordagens criativas para a solução de problemas que surgirão com as discussões em sala de aula.

## Sugestão de atividades

**A.** Pesquisas têm revelado que a população mundial está cada vez mais longeva.

A proposta para reflexão é a seguinte: Será que viver até aos cem anos é uma coisa boa? Queremos ser velhos? Nascemos para ser velhos? Pense sobre o assunto e apresente uma reflexão que revele seu posicionamento acerca dos meios de que a sociedade dispõe para cuidar dos nossos idosos.

**B.** O psicanalista e professor da UERJ, Benilton Bezerra Jr., relatou:

Durante uma viagem a Roma em 1786, Goethe escreveu numa carta aos amigos: *"Nada há, de fato, que se compare à nova vida que a contemplação de uma terra estranha descortina ao homem afeito à reflexão. Embora eu siga sendo sempre a mesma pessoa, creio ter mudado até os ossos".* Este comentário, que se encontra no livro *Viagem à Itália*, é uma das descrições mais admiráveis do que seja viajar. Goethe consegue, de uma maneira muito simples e feliz, identificar três elementos decisivos para a experiência de uma verdadeira viagem: a contemplação do estranho, a abertura de um novo horizonte vital e a transformação de si mesmo.

Para o olhar de um leitor contemporâneo, essa pode parecer uma definição um tanto pomposa ou exagerada. Afinal nunca houve tanto deslocamento de pessoas e populações quanto hoje em dia e não consta que turistas se sintam tão afetados pelas viagens que fazem. Simplesmente afastam-se de sua vida rotineira por um tempinho, conhecem novos lugares, se divertem ao máximo e voltam felizes e reconfortados para casa. Viajar, hoje em dia, parece ser simplesmente um item de qualquer receita para se ter uma vida prazerosa. Ninguém sente que mudou sua maneira de olhar o mundo ou a vida, nem muito menos tem a sensação de ter "mudado até os ossos" apenas porque saiu de onde mora para conhecer outros lugares.

Fonte: BEZERRA JR, Benilton. Mundo afora. In: *Leituras compartilhadas*, ano 3, fascículo 9. Disponível em: <www.leiabrasil.org.br>. Acesso em: 30 dez. 2011.

O autor do texto comenta a afirmação de Goethe sobre a transformação que sofreu com a viagem que realizou à Itália. O comentário se detém especialmente na expressão "mudado até os ossos". Qual seu pensamento em relação a essa possibilidade de mudança de estado de uma pessoa pelo fato de viajar? Concorda com a expressão? Você considera que viajar pode ser algo assim tão importante capaz de mudar alguém até os ossos?
Pense sobre o assunto, troque ideias com colegas e posicione-se sobre a afirmação de Goethe.

**C.** Há divergência quanto ao ato de dar ou não esmola. Cada texto a seguir defende um ponto de vista diferente sobre esse tema.

**Texto 1 - Deve-se dar esmola?**
Daniel Piza

Em jantar com amigos ontem, o assunto surgiu: deve-se ou não dar esmola? Aqui onde moramos o número de famílias sem-teto é cada vez maior e fica difícil não lamentar tanta miséria, principalmente diante das crianças. Mas também sabemos que muitos adultos, que às vezes se fingem de pais, obrigam os meninos a vender, ficam com o dinheiro, gastam em bebida e quase nada dão a elas. Em outros casos, o dinheiro dado pelas nossas consciências culpadas é tal – meninos de rua já me confessaram ganhar mais que R$30 por dia, o que dá um "salário" mensal maior que alguns professores ganham por aí – que fica difícil oferecer outra forma de vida a essas pessoas, que não à toa não querem trocar a rua por abrigos e acabam gerando mais filhos para ter mais chances de ganhar esmola. Há também os que fazem malabarismos ou vendem balas, logo a esmola seria uma espécie de retribuição ao seu esforço, ao fato de que – aparentemente – não optaram pelo crime, ainda que os produtos sejam em geral piratas e o comércio de rua prejudique a loja ao lado que paga seus impostos ou até o camelô que é cadastrado pela prefeitura. Outra opinião é a de que se deve dar comida em vez de dinheiro, e por isso vemos tantas famílias às portas dos supermercados. Mesmo assim não estamos ajudando a perpetuar a situação? Enquanto isso, o poder público se exime de fazer sua parte. O que você acha?

Disponível em: <http://blogs.estadao.com.br/daniel-piza/deve-se-dar-esmola/>
04.agosto.2006 21:09:47. Acesso em: 07 jan. 2012

**Texto 2 - Deve-se dar esmolas?**
Herbert de Souza

Em tese, pode ser correta esta ideia de que "dar esmola não é bom nem para quem dá nem para quem a recebe". Mas, na prática, a realidade é outra. Quem pede esmola deve estar com fome. Vivo essa contradição, e acho que é a mesma que, no fundo, todo mundo vive. Com tanta miséria, o que eu vou fazer no momento em que um menino com fome, descalço, visivelmente fraco me pede uma esmola? Vou dizer para ele: Não, vá trabalhar! Não posso dizer isso. Essas campanhas como "Não dê esmolas" só terão validade se antes for criada uma alternativa verdadeira. Se não, tornam-se perversas. Na situação atual, negar uma esmola a um excluído é um ato de insensibilidade. A esmola não é alienante, a não ser quando é a única ação contra a miséria. Eu não posso, ao ver uma pessoa cair na rua, dizer, comodamente: um médico é que deve atender você. Acho que contemplar ou passar por cima é a pior coisa que uma pessoa pode fazer.

Fonte: SOUZA, Herbert de (Betinho). Deve-se dar esmolas? *IstoÉ*. São Paulo, 19 jun. 1996. Entrevista na seção "Polêmica". (adaptado)

No primeiro texto, Daniel Piza se posiciona contra a doação de esmolas, considerando toda a exploração que existe por trás desse gesto. Além disso, Piza, num exercício de interatividade, solicita a opinião do leitor do seu blog sobre o ponto de vista que ele adota em relação a esse ato social. Betinho, por outro lado, defende a posição de ser solidário e não negar a esmola a quem pede.

Assim como Daniel Piza convocou seu leitor com a pergunta "O que você acha?", o encaminhamento desta atividade é que você faça uma reflexão e apresente uma proposta para a solução desse problema que já se tornou uma rotina nas grandes cidades.

## 2.2 Acesso ao conhecimento

Ainda com a preocupação voltada para a aquisição de novos conhecimentos, busca-se, com informações sobre os métodos de pesquisa, orientar o aluno na questão da seleção de conteúdos e de tecnologias para dar conta dos trabalhos que realizará.

Nesse aspecto, prepara-se o aluno para uma prática saudável de pesquisa e de autoria dos próprios trabalhos. Num mundo em que a informação chega por atacado, numa quantidade e velocidade enormes, a capacidade de saber efetivar a escolha e a seleção do que é importante dá, sem dúvida alguma, uma grande vantagem ao aluno que consegue trilhar esse caminho.

Ao lado disso, conhecimentos básicos de ética e responsabilidade sobre o que se veicula devem ser abordados. As informações que estão disponíveis nos livros, revistas, internet, por exemplo, devem ser previamente avaliadas quanto à conveniência de sua utilização para o atendimento às condições de produção do trabalho. Assim, além de não se copiar sem dar crédito ao autor, deve-se fazer uma crítica ao conteúdo que será alvo da pesquisa.

O trabalho do professor deverá incluir oportunidades de acesso às diferentes tecnologias e veículos de informação. Hoje o aluno, com as facilidades oferecidas pela internet, nem sempre conhece as bibliotecas e os meios de que elas dispõem para a realização de pesquisas mais adequadas às diferentes áreas do conhecimento.

O professor explicará ao aluno que a localização de uma obra, em bibliotecas ou em livrarias, faz-se pelo nome do autor, título da obra ou pelo assunto. Antigamente, havia arquivos com pequenas gavetas cheias de fichas de cartolina, em ordem alfabética por autor, obra e assunto. Hoje as principais bibliotecas do mundo estão informatizadas. Ir a uma biblioteca pública tornou-se uma experiência estimulante, que pode contribuir para que o aluno se transforme em um frequentador contumaz. O professor deve apostar nisso.

Alguns gêneros textuais podem ser introduzidos a fim de levar o aluno a municiar-se de informações para a confecção dos trabalhos que desenvolverá pela vida afora. O aluno adquire o conhecimento por meio do estudo e cabe ao professor auxiliá-lo nessa tarefa. Dessa forma, abordaremos a seguir as características e os passos para a realização de trabalho de pesquisa, fichamento, resumo e resenha.

### 2.2.1 Trabalho de pesquisa

O professor deve orientar o aluno na realização do trabalho de pesquisa. O aluno precisa aprender a selecionar a bibliografia, as informações e os dados mais relevantes sobre o tema proposto e organizar as informações em forma de texto. Muitas vezes, por não entender o que é essa atividade, o aluno realiza a tarefa a partir de cópias de textos sem a menor crítica ao que está realizando. Assim, no trabalho de pesquisa, a leitura proficiente é essencial.

Nesse momento, o professor não pode perder a oportunidade de mostrar que a contribuição do aluno não está na cópia do que os outros produziram e publicaram, mas sim na capacidade de ele apresentar um novo ponto de vista em relação ao conhecimento que está sendo veiculado. A originalidade e a autoria são importantes conceitos que devem ser sempre destacados.

O professor precisa orientar o aluno para a estrutura básica de um trabalho de pesquisa, indicando-lhe os seguintes passos:

**a.** definir de modo claro o assunto a ser pesquisado;
**b.** selecionar as fontes de informação (livros, revistas, jornais, internet), identificando o meio, o autor, o local, o ano e a página. No caso de textos de internet, deve-se copiar o endereço do site e anotar o dia em que realizou a pesquisa;
**c.** examinar o índice ou sumário, se houver, para se ter ideia do que contém a obra e localizar os itens importantes para o trabalho que pretende realizar;
**d.** realizar leitura cuidadosa dos textos selecionados, anotando as informações mais relevantes sobre o assunto pesquisado de forma resumida ou em tópicos;

**Observação**: se o aluno desejar aproveitar textualmente a posição do autor, o professor deve orientá-lo a copiar exatamente como está no texto, a colocar entre aspas, seguida das seguintes indicações: nome do autor, título da obra, local, editora, data e página.

**e.** construir uma asserção (afirmação) em que manifeste o ponto de vista do aluno sobre o tema;
**f.** desenvolver a asserção, estabelecendo os tópicos que serão expandidos;
**g.** redigir o trabalho da seguinte forma: introdução (ponto de vista sobre o assunto pesquisado); desenvolvimento (expansão do ponto de vista com inserção de abordagens do tema por outros autores); conclusão (relação entre o ponto de vista do aluno e as opiniões de outros autores). Na conclusão o aluno deve apresentar proposta de solução do tema desenvolvido em que se manifeste uma reflexão sobre o assunto);
**h.** revisar o trabalho.

**Observação**: Os itens f e g referem-se a trabalhos escritos, mas a pesquisa pode resultar no uso de outras linguagens: cartaz, história em quadrinhos, charge, pôster, blog etc.

Para a realização do trabalho de pesquisa, sugere-se que o professor de Língua Portuguesa proponha atividades integradas a outras áreas, buscando desenvolver atividades interdisciplinares. Assim, a disciplina Língua Portuguesa estará promovendo a integração necessária para a aquisição de novos conhecimentos.

## 2.2.2 Fichamento[2]

Fichar uma obra é retirar dela as informações mais importantes que possam ser aproveitadas em algum trabalho. O fichamento é o início de uma pesquisa, pois é a partir das informações coletadas que se inicia a reflexão sobre o assunto. Deve-se anotar apenas o que possa interessar ao trabalho.

O termo "fichamento" advém do fato de que, antes do computador, esse trabalho era armazenado em fichas de papelão, guardadas em fichários ou arquivos. Fichar no computador facilita a consulta e a transposição das anotações de um lugar para outro, bem como economiza o espaço físico utilizado para armazenar as fichas.

Etapas para a realização de um fichamento:

1. indicação bibliográfica completa da obra a ser fichada: nome do autor, título da obra, local, editora, data e página, de acordo com as normas da ABNT;
2. levantamento das informações mais importantes, que podem ser transcrições do texto ou redigidas pelo leitor de forma resumida;

**Observações:** No caso da transcrição de fragmentos do texto, deve-se indicar a página e a linha para facilitar o retorno ao original; se o texto for do leitor, deve estar escrito em forma de tópicos frasais, da maneira a mais clara e sintética possível.

3. comentários pessoais.

A atividade de realizar fichamento é importante também para futuros trabalhos, pois as informações poderão ser úteis para a construção/aquisição de novos conhecimentos. Assim, o professor poderá sugerir que o aluno guarde os dados coletados em fichas ou em

---

[2] Os conteúdos teóricos deste capítulo têm sua referência em Garcia, 2010; Machado et al, 2004; Medeiros, 1983; e Salvador, 1991.

arquivos no computador, não descartando as informações logo que conclua a tarefa.

### 2.2.3 Resumo

O resumo é o resultado da redução dos principais tópicos abordados num texto, desconsiderando comentários, exemplificações ou divagações do autor. Apresentam-se, de forma sucinta, compacta, os pontos mais importantes de um texto. É também uma técnica que auxilia a reter as informações básicas de um texto.

O resumo pode ser:

**a.** indicativo: não dispensa a consulta ao original, pois constrói-se com um mínimo de informações;
**b.** informativo: pode dispensar a consulta ao original, pois constrói-se com grande número de informações;
**c.** crítico: além de recuperar os aspectos básicos do original, apresenta um julgamento a respeito do objeto; é também denominado RECENSÃO CRÍTICA ou RESENHA CRÍTICA.

Fazer resumo deve ser uma das tarefas mais estimuladas nos alunos, pois, além de ser uma forma de aquisição de novos conhecimentos, introduz o desenvolvimento da competência de síntese e da seleção das informações de um texto, distinguindo as principais das secundárias. Ao redigir de forma breve e clara as informações mais relevantes do texto, o aluno terá garantido a compreensão do que leu. O resumo é igualmente alimentador do processo argumentativo, uma vez que, ao distinguir ideias principais das secundárias, o aluno estará realizando uma atividade de seleção de possíveis argumentos para uma próxima produção textual.

Para elaborar um resumo, o professor orienta o aluno a observar os seguintes passos:

- leitura integral do texto, anotando as informações mais importantes, procurando assimilar as ideias do autor e eliminando tudo que não for essencial;
- seleção das ideias ou informações mais importantes: assunto, objetivo, conclusão;
- produção de um texto conciso, objetivo e claro, mantendo-se fiel ao original.

Nesse sentido, o resumo deve

- ser redigido numa linguagem impessoal, sem qualquer juízo ou apreciação crítica sobre o mérito ou as falhas do trabalho (isso compete às resenhas críticas);
- ser inteligível por si mesmo, como se fosse uma peça autônoma, evitando-se assim expressões do tipo "o autor deste trabalho...", "... o assunto desta tese..." e outras equivalentes;
- evitar tanto quanto possível repetição de frases integrais do original, o que não impede a citação entre aspas de uma ou outra expressão;
- destacar, com a devida ênfase, a contribuição pessoal do autor (fatos novos, novas teses, interpretações e conclusões);
- respeitar a ordem em que as ideias ou fatos são apresentados, dando o devido destaque para a ideia central, sem se descuidar das ideias secundárias;
- omitir exemplos e explicações;
- substituir os termos específicos pelos genéricos (ex. homem, gato, cachorro = mamíferos);
- ser feito, enfim, de tal forma que, oferecendo ao leitor uma visão sucinta do assunto, possa levá-lo à compreensão do original.

Para a elaboração de um resumo, o professor deve recomendar que o aluno observe:

- o adequado emprego de aspas no caso de transcrição de fragmentos com indicação da página;
- as características morfossintáticas, lexicais, ortográficas e de pontuação adequadas;
- a compreensão da estrutura global do texto, selecionando as ideias mais importantes.

Assim, na elaboração de um resumo, o aluno considera a estrutura informacional (preservação da informação nuclear) e as estratégias discursivo-linguísticas do texto a ser resumido (discurso conciso, manutenção do registro do texto; ausência de marcas enunciativas do produtor do resumo; utilização de mecanismos de coesão e de sequenciação lógica; e controle dos mecanismos de coesão temporal).

Para ensinar o aluno a realizar um bom resumo, indicam-se os quatro fundamentos básicos: supressão, generalização, seleção e construção.

- Supressão: de exemplos, de citações, de repetições, de interjeições.
- Generalização: substituição de palavras e ideias por outras mais generalizantes.
- Seleção: distinção entre essencial e acessório.
- Construção: respeito à ordem do original; manutenção da estrutura do original.

Além desses aspectos, o professor mostra ao aluno que, ao se resumir, não se pode fazer comentários pessoais, não se deve valorizar demasiado uma parte e não se deve copiar expressões ou frases inteiras do original.

## Sugestão de atividades

O professor poderá propor ao aluno realizar a atividade de leitura, fichamento e resumo de um texto para que entenda, na prática, a diferença entre esses dois gêneros textuais. A título de exemplificação, apresentaremos duas propostas de tarefa.

**A.** Levar uma notícia jornalística que esteja mobilizando a população naquele momento para analisar em sala de aula. A escolha desse gênero incentiva os alunos a informar-se e refletir sobre acontecimentos do cotidiano. Solicitar aos alunos o resumo da notícia. Esse trabalho pode envolver atividade oral e escrita.

**B.** Ler o texto "A importância da leitura", sublinhar as informações mais importantes; fazer o fichamento e, finalmente, o resumo. Apresenta-se a seguir uma sugestão de fichamento e de resumo desse texto.

| TEXTO | FICHAMENTO |
|---|---|
| **A importância da leitura**<br>Maria Carolina Viana<br>A prática da leitura se faz presente em nossas vidas desde o momento em que começamos a "compreender" o mundo à nossa volta. No constante desejo de decifrar e interpretar o sentido das coisas que nos cercam, de perceber o mundo sob diversas perspectivas, de relacionar a realidade ficcional com a que vivemos, no contato com um livro, enfim, em todos estes casos estamos, de certa forma, lendo - embora, muitas vezes, não nos demos conta. | A leitura faz parte de nossas vidas desde o momento em que começamos a compreender o mundo que nos cerca. |
| A atividade de leitura não corresponde a uma simples decodificação de símbolos, mas significa, de fato, interpretar e compreender o que se lê. Segundo Angela Kleiman, a leitura precisa permitir que o leitor apreenda o sentido do texto, não podendo transformar-se em mera decifração de signos linguísticos sem a compreensão semântica dos mesmos. | Ler significa interpretar e compreender o que se lê. |

Nesse processamento do texto, tornam-se imprescindíveis também alguns conhecimentos prévios do leitor: os linguísticos, que correspondem ao vocabulário e regras da língua e seu uso; os textuais, que englobam o conjunto de noções e conceitos sobre o texto; e os de mundo, que correspondem ao acervo pessoal do leitor. Numa leitura satisfatória, ou seja, na qual a compreensão do que se lê é alcançada, esses diversos tipos de conhecimento estão em interação. Logo, percebemos que a leitura é um processo interativo.

> Na leitura de um texto, são necessários alguns conhecimentos prévios que interagem: linguísticos, textuais e de mundo.

Quando citamos a necessidade do conhecimento prévio de mundo para a compreensão da leitura, podemos inferir o caráter subjetivo que essa atividade assume. Conforme afirma Leonardo Boff, cada um lê com os olhos que tem. E interpreta onde os pés pisam. Todo ponto de vista é a vista de um ponto. Para entender o que alguém lê, é necessário saber como são seus olhos e qual é a sua visão de mundo. Isto faz da leitura sempre um releitura. [...] Sendo assim, fica evidente que cada leitor é coautor.

A partir daí, podemos começar a refletir sobre o relacionamento leitor-texto. Já dissemos que ler é, acima de tudo, compreender. Para que isso aconteça, além dos já referidos, processamento cognitivo da leitura e conhecimentos prévios necessários a ela, é preciso que o leitor esteja comprometido com sua leitura. Ele precisa manter um posicionamento crítico sobre o que lê, não apenas passivo. Quando atende a essa necessidade, o leitor se projeta no texto, levando para dentro dele toda sua vivência pessoal, com suas emoções, suas expectativas, seus preconceitos etc. É por isso que consegue ser tocado pela leitura.

> O leitor precisa posicionar-se criticamente sobre o que lê.

Assim, o leitor mergulha no texto e se confunde com ele, em busca de seu sentido. Isso é o que afirma Roland Barthes, quando compara o leitor a uma aranha:

[...] o texto se faz, se trabalha através de um entrelaçamento perpétuo; perdido neste tecido - nessa textura -, o sujeito se desfaz nele, qual uma aranha que se dissolve ela mesma nas secreções construtivas de sua teia.

Dessa forma, o único limite para a amplidão da leitura é a imaginação do leitor; é ele mesmo quem constrói as imagens acerca do que está lendo. Por isso ela se revela como uma atividade extremamente frutífera e prazerosa. Por meio dela, além de adquirirmos mais conhecimentos e cultura - o que nos fornece maior capacidade de diálogo e nos prepara melhor para atingir as necessidades de um mercado de trabalho exigente -, experimentamos novas experiências, ao conhecermos mais do mundo em que vivemos e também sobre nós mesmos, já que ela nos leva à reflexão.

E refletir, sabemos, é o que permite ao homem abrir as portas de sua percepção. Quando movido por curiosidade, pelo desejo de crescer, o homem se renova constantemente, tornando-se cada dia mais apto a estar no mundo, capaz de compreender até as entrelinhas daquilo que ouve e vê, do sistema em que está inserido. Assim, tem ampliada sua visão de mundo e seu horizonte de expectativas.

> Por meio da leitura, adquirimos mais conhecimentos e cultura e nos preparamos para o exercício profissional.

Desse modo, a leitura se configura como um poderoso e essencial instrumento libertário para a sobrevivência do homem.

Há, entretanto, uma condição para que a leitura seja de fato prazerosa e válida: o desejo do leitor. Como afirma Daniel Pennac, "o verbo ler não suporta o imperativo". Quando transformada em obrigação, a leitura se resume a simples enfado. Para suscitar esse desejo e garantir o prazer da leitura, Pennac prescreve alguns direitos do leitor, como o de escolher o que quer ler, o de reler, o de ler em qualquer lugar, ou, até mesmo, o de não ler. Respeitados esses direitos, o leitor, da mesma forma, passa a respeitar e valorizar a leitura. Está criado, então, um vínculo indissociável. A leitura passa a ser um imã que atrai e prende o leitor, numa relação de amor da qual ele, por sua vez, não deseja desprender-se.

> Para que a leitura seja prazerosa e válida, o leitor deve escolher o que lê e onde ler.

VIEIRA, Maria Carolina Viana[3]. A importância da leitura (11/07/2006). Disponível em: <http://www.colegiosantamaria.com.br/santamaria/aprenda-mais/artigos/ver.asp?artigo_id=2>. Acesso em: 01 jan. 2012.

---

[3] Mestre em Literatura Portuguesa pela URRJ. Professora da Rede Pública de Ensino e do Colégio Santa Maria - S.J.Meriti - RJ.

## Resumo

No texto "A importância da leitura", a autora afirma que a leitura faz parte da vida de todas as pessoas desde o momento em que começam a compreender o mundo que as cerca. Ler significa interpretar e compreender o que se lê. Na leitura de um texto, são necessários alguns conhecimentos prévios que interagem: linguísticos, textuais e de mundo. O leitor precisa posicionar-se criticamente sobre o que lê. A leitura proporciona maior conhecimento e cultura e prepara a pessoa para o exercício profissional. Para que a leitura seja prazerosa e válida, o leitor deve escolher o que lê e onde ler.

### 2.2.4 Resenha

A resenha se configura, normalmente, como um trabalho acadêmico mais elaborado. Entretanto, no ensino médio, já se pode fazer uma introdução a esse gênero textual, uma vez que resenhar é avaliar uma obra refletindo sobre seus pontos positivos e negativos. Seu objetivo é oferecer ao leitor dados necessários para que ele possa decidir sobre o interesse ou não de ler a obra, assistir ao filme, à peça de teatro, ao espetáculo musical, ver a exposição. Essas resenhas normalmente são publicadas em periódicos – jornais, revistas, sites.

A resenha deve conter um RESUMO da obra em exame e informações sobre quem a produziu ou dela participou; inseri-la no conjunto da obra do autor, diretor ou produtor; compará-la com outras obras do mesmo autor ou de autores diferentes; além de uma AVALIAÇÃO das informações apresentadas e uma JUSTIFICATIVA para a avaliação feita.

A organização da RESENHA CRÍTICA deve ser a mesma apresentada para o resumo, acrescida da apreciação daquele que resenhou o texto. Essa apreciação, julgamento ou avaliação da obra deve ser quanto ao conteúdo, à forma, à originalidade e à importância para o campo de estudo ou para o público.

Ao realizar atividades de resenhar, o aluno começa a familiarizar-se com os aspectos mais importantes de uma obra, a buscar no texto as informações mais relevantes e a desenvolver um juízo de valor sobre o que leu ou assistiu.

A atividade de avaliação de obras está no cotidiano das pessoas. O aluno, ao assistir a um filme, exprime, ao término, sua opinião, mesmo que rudimentar, manifestando se gostou ou não da obra vista.

O professor poderá sugerir uma estrutura básica para a elaboração de resenha no ensino médio, produzindo um texto com as seguintes partes:

- informações sobre a obra: bibliográfica, no caso de livro; ficha técnica, no caso de filme; autor, dados biográficos, local, no caso de pinturas, esculturas etc;
- conteúdo: apresentar sucintamente o assunto de cada parte do livro ou as características da obra;
- ponto de situação: situar a obra e o autor em relação às correntes científicas, filosóficas, culturais, sociais e econômicas em que o autor viveu, em que a obra foi escrita/produzida ou a que o autor e a obra se referem;
- contribuição: para determinar a contribuição da obra, é útil compará-la com outras de assunto similar ou com outras do mesmo autor, com foco naquilo que ela traz de novo;
- avaliação: apreciar a obra, referindo-se ao conteúdo, à disposição das partes, à diagramação, à temática, aos recursos utilizados etc. A linguagem deve ser clara e objetiva variando de acordo com o veículo e o público a que se destina. Os verbos devem estar no presente do indicativo.

Na elaboração da resenha, deve-se deixar claro o que foi retirado do texto original e o que é comentário do resenhista. Assim, é comum o emprego de expressões como "a obra centra-se"; "a obra tem por finalidade"; "a obra defende"; "no dizer do autor"; "a proposta do autor".

Exemplo de resenha:

**Bon Jovi faz show sem brilho na Apoteose, mas satisfaz fãs com hits do passado**
Carlos Albuquerque

RIO - Foram quase 2h15min até que os primeiros acordes de "New York, New York" se espalhassem pela Apoteose, marcando o fim do show de Bon Jovi no Rio. E foram também mais de duas décadas desde que a banda americana pisou naquele mesmo palco pela primeira vez, no Hollywood Rock de 1990. O fato não passou despercebido pelo astro da companhia, quando começou a tocar "Wanted dead or alive".

Lembro de ter tocado nesse mesmo local, há quase 21 anos. E certamente devo ter tocado essa música — disse Jon Bon Jovi para a plateia, que encheu (mas não lotou) o local.

O show refletiu as mudanças pelas quais a banda passou ao longo desse período. Lá se foram os tempos de laquê no cabelo e de farofa no som, que a aproximou do rock purpurinado (e divertido) de Poison, Motley Crue, Skid Row e companhia. Afinal, Jon, Tico, David e Richie aprenderam algumas coisas sobre pedras e limo com Mick, Keith, Ron e Charlie. E ao se descolarem daquela nave-mãe, voando em direção a outros universos, do country rock às baladas mais profundas, ganharam um sopro de vida que os mantém, se não relevantes, ainda vivos e saudáveis em 2010.

Sem brilho, mas com notável segurança, o grupo navegou pelo seu passado, de hits inesquecíveis como "You give love a bad name" e "Living on a prayer" (que dividiu o telão em várias janelas, como se fosse um grande mosaico do YouTube) à sensual "Bad medicine". No percurso, Jon Bon Jovi mostrou o seu bom relacionamento com o tempo, cantando sem maiores tropeços (e sem a ajuda de backing vocals, vale ressaltar).

Para agradar à torcida, nada de blusas desse ou daquele time de futebol Esse efeito foi conseguido com mais elegância através das imagens de Chico Mendes e Pelé, vistas no telão, ao lado de Barack Obama, Martin Luther King e Elvis Presley, na emocionante "We weren't born to follow'". Só ficou a dúvida se era algum recado para o Twitter. Na dúvida, "These days" mandou todo mundo para casa, sem as três horas de show prometidas, mas com a certeza de que para o Bon Jovi a vida ainda é bela aos quarenta.

Texto publicado no site *O Globo* em 09/10/2010 intitulado "Bon Jovi faz show sem brilho na Apoteose, mas satisfaz fãs" no endereço eletrônico: <http://oglobo.globo.com/cultura/bon-jovi-faz-show-sembrilho-na-apoteose-mas-satisfaz-fas-com-hits-do-passado-2941785> . Acesso em 07 jan. 2012.

## Sugestão de atividade

Propõe-se que o professor realize com os alunos uma primeira resenha que pode ser do livro que estão lendo no momento ou propor a ida ao cinema ou teatro e, logo após, em sala de aula, resenhar a obra.

A tarefa pode ser encaminhada da seguinte forma:

Leia o livro, assista ao filme ou à peça e anote informações sobre a obra: autor, diretor, atores. Anote, também, informações relevantes sobre o conteúdo e as características da obra. Avalie a obra assinalando os pontos positivos e negativos. Não se esqueça de que toda resenha tem o objetivo de persuadir o leitor, convencê-lo a consumir ou não o produto. As resenhas poderão ser lidas para os colegas que escolherão algumas para compor o jornal mural.

## 2.3 Portfólio

Dentre as diferentes formas utilizadas para avaliar a aprendizagem discente, está o PORTFÓLIO, conjunto de trabalhos produzidos por um aluno durante um período escolar. Esse arquivo individual de atividades realizadas reflete o desenvolvimento intelectual e afetivo do aluno e indica não só se ele atingiu as metas estabelecidas pelo professor/escola, mas também permite uma maior interação aluno/professor.

Empregado inicialmente na educação infantil, na década de 90, nos Estados Unidos, esse recurso tem-se mostrado eficaz como instrumento da avaliação da aprendizagem, em todos os níveis de ensino, e é considerado por muitos especialistas a forma de avaliação que melhor reflete a autonomia do aluno.

O portfólio tem sido um importante instrumento de avaliação para o professor e, simultaneamente, de autoavaliação para o aluno. Nessa coleção, o aluno terá uma visão geral daquilo que sabe e é capaz de fazer; poderá refletir sobre a elaboração e reelaboração de atividades; analisar criticamente suas produções; indicar seus avanços, dificuldades e o que fez para superá-las, conhecendo e oferecendo ao professor informações sobre seu processo de aprendizagem. Elaborar um portfólio não é tarefa simples, exige tanto do aluno quanto do professor muita dedicação, organização e reflexão.

Como o portfólio é uma técnica de avaliação gradual e continuada, está em consonância com a Lei de Diretrizes e Bases da Educação Nacional que sugere

> Avaliação contínua e cumulativa do desempenho do aluno, com prevalência dos aspectos qualitativos sobre os quantitativos e dos resultados ao longo do período sobre os de eventuais provas finais. (LDB 9394/96 – art. 24, V)

Vantagens do PORTFÓLIO:

- permitir maior interação aluno/professor, registrando suas ideias, dúvidas e críticas;

- poder ser usado em um única disciplina ou em atividade interdisciplinar;
- possibilitar ao professor avaliar a evolução do aluno na construção do conhecimento, na transferência e aplicação do que está sendo estudado e no interesse pessoal.

Podem integrar o portfólio trabalhos que contemplem todas as competências ou pelo menos as essenciais; sejam diversificados quanto à forma (escritos e visuais); revelem processos e produtos de aprendizagem; exemplifiquem uma variedade de modos e processos de trabalho; explicitem o envolvimento do aluno no processo de revisão, análise e seleção dos trabalhos. (Fernandes, 2005)

Sugestão de trabalhos que podem ser inseridos no PORTFÓLIO:

- pesquisa de textos jornalísticos (notícias, reportagens, artigos de opinião, editoriais) sobre os temas estudados no semestre;
- trabalhos realizados com esses textos: resumos, anotações de debate e de júri simulado, conclusões de apresentação oral etc;
- roteiro e relatório de visitas realizadas (museus, bibliotecas públicas etc);
- seleção de quadros que tenham impressionado o aluno (uma fotografia ou gravura). Nesse caso, em cada imagem, o aluno deve escrever a razão da escolha;
- seleção de uma letra de música que tenha sensibilizado o aluno, explicando o porquê;
- seleção de uma fotografia de família, escrevendo a situação em que se encontravam os membros no momento da foto e o que comemoravam, em caso de festa.

Os trabalhos propostos neste capítulo (de pesquisa, fichamento, resumo, resenha) poderão ser arquivados no portfólio.

Trabalhar com portfólio como instrumento de avaliação é uma tarefa que demanda do professor e do aluno disponibilidade de tempo e compromisso para que ambos estejam sempre refletindo sobre o desempenho discente; caso contrário, o portfólio será apenas um acúmulo de papéis sem sentido tanto para o aluno quanto para o professor.

Ao solicitar a organização do portfólio, o professor deve incentivar seu aluno à atividade de reflexão acerca de seu desempenho escolar, tentando melhorar os aspectos que ainda não consegue acompanhar. Daí ser necessário que haja uma parte do portfólio dedicada aos comentários do professor em que este estará avaliando e fazendo recomendações para o crescimento dos alunos.

## 3. O ATO DE LER

A capacidade de ler e interpretar textos é indispensável para a aquisição de conhecimentos e para a execução de qualquer atividade profissional. Compete, pois, à escola montar estratégias para melhorar o desempenho do aluno na compreensão daquilo que lê. É tarefa do professor instrumentar o aluno para que ele se torne um leitor proficiente nos diferentes gêneros textuais que circulam socialmente e nas diferentes mídias ou tecnologias.

Nos dias de hoje, exige-se um leitor não só capaz de ler textos impressos, mas também de enfrentar o acúmulo de informações e a velocidade com que o conhecimento se propaga na era digital. A rapidez e o excesso de informação desse momento estão conduzindo as pessoas a uma leitura cada vez mais superficial. Em função disso, a escola precisa fornecer ao aluno um instrumental para que ele possa perceber a função social do texto, fazer inferências e tornar-se um leitor crítico.

No trabalho de leitura, o professor deve levar em conta o momento histórico em que os jovens estão vivendo e escolher textos representativos das diversas esferas sociais, que façam parte da cultura do seu aluno, em seus diversos contextos e abrangências, como a literária, a artística, a jornalística, a científica, a publicitária, a digital. É necessário que o aluno perceba que a leitura e a escrita serão diferentes, dependendo do contexto social em que o texto está inserido.

Toda leitura pressupõe uma intenção, um objetivo.

> De modo geral, podemos dizer que há textos que lemos porque queremos nos manter informados (jornais e revistas); há outros textos que lemos para realizar trabalhos acadêmicos (dissertações, teses, livros, periódicos científicos); há, ainda, outros textos cuja leitura é realizada por prazer, puro deleite (poema, conto, romance); e, nessa lista, não podemos nos esquecer dos textos que lemos para consulta (dicionários, catálogos), dos que somos "obrigados" a ler de vez em quando

(manuais, bulas), dos que nos caem em mãos (panfletos) ou nos são apresentados aos olhos (outdoors, cartazes, faixas).

São, pois, os objetivos do leitor que nortearão o modo de leitura, em mais tempo ou em menos tempo; com mais atenção ou com menos atenção; com maior interação ou com menor interação, enfim. (Koch &Elias, 2006: 19)

## 3.1 Leitura proficiente: competências e habilidades

Se o objetivo for levar o aluno a ser um leitor capaz de analisar criticamente o contexto político e social do mundo em que vive, o professor deverá selecionar textos jornalísticos impressos – notícia, editorial, reportagem, artigo de opinião – e televisivos. Assim, poderá promover discussão sobre o tema e identificar junto com os alunos as características dos gêneros e os recursos linguísticos próprios de cada modo de organização textual.

É importante também levar o aluno a compreender que todo texto se insere no contexto de sua produção, conforme explicitam Moita Lopes & Rojo (2004):

> Os significados são **contextualizados**. Essa compreensão é extremamente importante uma vez que possibilita situar os discursos a que somos expostos e recuperar seu contexto de produção e interpretação: quem escreveu, com que propósito, a partir de que ideologia, onde foi publicado, quando, quem era o interlocutor projetado etc. Tal teorização tem uma implicação prática, porque possibilita trabalhar em sala de aula com uma visão de linguagem que fornece artifícios para os alunos aprenderem, na prática escolar, a fazer **escolhas éticas** entre os discursos em que circulam.

A atividade de leitura, segundo o Sistema de Avaliação do Ensino Básico (Saeb), requer do leitor a ativação de esquemas cognitivos básicos, de conhecimentos partilhados e de conhecimentos linguísticos que possibilitem uma análise adequada do texto quanto aos sentidos e intenções produzidos. Esse conjunto de pressupostos é traduzido em uma Matriz de descritores, subdividida em tópicos, transcrita a seguir[3]:

## MATRIZ DE REFERÊNCIA DE LÍNGUA PORTUGUESA - SAEB

I. Procedimentos de Leitura

| | |
|---|---|
| D1 | Localizar informações explícitas em um texto. |
| D3 | Inferir o sentido de uma palavra ou expressão. |
| D4 | Inferir uma informação implícita em um texto. |
| D6 | Identificar o tema de um texto. |
| D14 | Distinguir um fato da opinião relativa a esse fato. |

II. Implicações do Suporte, do Gênero e/ou do Enunciador na Compreensão do Texto

| | |
|---|---|
| D5 | Interpretar texto com auxílio de material gráfico diverso (propagandas, quadrinhos, foto etc.). |
| D12 | Identificar a finalidade de textos de diferentes gêneros. |

---

[3] A Matriz de Referência de Língua Portuguesa apresenta a relação entre os temas, os descritores e as habilidades estabelecidos para a avaliação dos alunos de 4ª série/5º ano e 8ª série/9º ano do ensino fundamental e da 3ª série do ensino médio. Para maiores informações sobre a Matriz de Referência do Saeb, sobre os exemplos de itens que avaliam os descritores que compõem a Matriz e sobre a apresentação dos resultados, das hipóteses do desempenho dos alunos e das sugestões de atividades que poderão ser desenvolvidas em sala de aula, consultar o site <http://portal.mec.gov.br/dmdocuments/saeb_matriz2.pdf>.

### III. Relação entre Textos

| | |
|---|---|
| D20 | Reconhecer diferentes formas de tratar uma informação na comparação de textos que tratam do mesmo tema, em função das condições em que ele foi produzido e daquelas em que será recebido. |
| D21 | Reconhecer posições distintas entre duas ou mais opiniões relativas ao mesmo fato ou ao mesmo tema. |

### IV. Coerência e Coesão no Processamento do Texto

| | |
|---|---|
| D2 | Estabelecer relações entre partes de um texto, identificando repetições ou substituições que contribuem para a continuidade de um texto. |
| D7 | Identificar a tese de um texto. |
| D8 | Estabelecer relação entre a tese e os argumentos oferecidos para sustentá-la. |
| D9 | Diferenciar as partes principais das secundárias em um texto. |
| D10 | Identificar o conflito gerador do enredo e os elementos que constroem a narrativa. |
| D11 | Estabelecer relação de causa/consequência entre partes e elementos do texto. |
| D15 | Estabelecer relações lógico-discursivas presentes no texto, marcadas por conjunções, advérbios etc. |

### V. Relações entre Recursos Expressivos e Efeitos de Sentido

| | |
|---|---|
| D16 | Identificar efeitos de ironia ou humor em textos variados. |
| D17 | Reconhecer o efeito de sentido decorrente do uso da pontuação e de outras notações. |
| D18 | Reconhecer o efeito de sentido decorrente da escolha de uma determinada palavra ou expressão. |

| D19 | Reconhecer o efeito de sentido decorrente da exploração de recursos ortográficos e/ou morfossintáticos. |

VI. Variação Linguística

| D13 | Identificar as marcas linguísticas que evidenciam o locutor e o interlocutor de um texto. |

Como já dissemos, para ler e compreender um texto, o aluno deve, além de conhecer o sistema linguístico, ser capaz de articular palavras, enunciados e de recorrer a conhecimentos de mundo na ativação de procedimentos inferenciais.

É bom lembrar também que, na era da internet, o aluno se torna um leitor que realiza com regularidade a associação dos meios impressos aos recursos eletrônicos. Há necessidade, portanto, de considerar-se a pluralidade de linguagens e os novos recursos disponíveis que tornam os textos mais vivos, mais atraentes. Assim, o aluno já vem se acostumando a um novo texto, o multimodal.

> Para a Teoria da Multimodalidade, o texto multimodal é aquele cujo significado se realiza por mais de um código semiótico (Kress & van Leeuwen,1996). Ainda segundo os autores, um conjunto de modos semióticos está envolvido em toda produção ou leitura dos textos; cada modalidade tem suas potencialidades de representação e de comunicação, produzidas culturalmente; tanto os produtores quanto os leitores têm poder sobre esses textos; o interesse do produtor implica a convergência de um complexo de fatores; histórias sociais e culturais, contextos sociais atuais, inclusive perspectivas do produtor do signo sobre o contexto comunicativo. (Ferraz, versão eletrônica)

A leitura de um texto requer, essencialmente, perguntas orientadoras por parte do professor que tem conhecimentos tanto do gênero quanto dos recursos de textualidade – estilo, estrutura – e de linguagem – metáfora, intertextualidade, argumentação – e que usa esses conhecimentos para orientar a leitura dos alunos.

Compreender um texto é, pois, fazer perguntas a ele; é dialogar com ele; identificar o que se tem a dizer sobre ele; é produzir outro texto.

Segundo Armando Petrucci (*apud* Magalhães, 2008: 57), devem-se considerar quatro tipos de leitor:

1º tipo – aquele que não foi além da escolaridade obrigatória, só compreende mensagens simples, raramente lê ou escreve;

2º tipo – também não foi além da escolaridade obrigatória, procura a leitura de jornais e publicações semanais, lê a literatura mais acessível e instrumental (paraliteratura), faz pouco uso da escrita, é um leitor lento;

3º tipo – tem um repertório de leitura mais vasto e variado, lê com um pouco mais de desenvoltura que o leitor do 2º tipo, já busca a leitura de textos de literatura, de história; livros de ciência, de tecnologia; lê habitualmente jornal e costuma escrever para si próprio e para outros;

4º tipo – é o leitor contumaz, lê, por razões profissionais e por interesse cultural, livros, revistas, mais que um jornal por dia, lê e escreve na mesma proporção.

O ideal, segundo Magalhães (2008: 57 e 58), em uma sociedade letrada, é que a população fosse constituída de leitores situados nos tipos 3º e 4º.

Assim, para desenvolver a capacidade leitora do aluno, o professor deve

- escolher textos de diferentes gêneros que versem sobre o mesmo assunto;
- selecionar textos de um mesmo gênero que tratem de assuntos variados;
- acionar conhecimentos de mundo do aluno, para que o texto tenha sentido para ele;
- identificar a estrutura do texto e seu objetivo comunicativo;

- distinguir a ideia principal das secundárias, a fim de identificar o tema do texto ou a tese defendida nele;
- inferir o sentido das palavras e dos elementos coesivos que entram na construção do texto;
- identificar as estratégias argumentativas dos textos opinativos: editorial, artigo de opinião, carta de leitor.

A leitura e compreensão dos sentidos veiculados em um livro, por exemplo, dependem também da leitura e compreensão da capa, da contracapa e das outras partes que o compõem. O professor deve orientar o aluno na aquisição desse conhecimento.

Um livro se constitui das seguintes partes:

capa        quarta capa        lombada

- capa: apresenta as informações fundamentais do livro, como o título, o nome do autor, da editora;
- lombada: estabelece a ligação entre a capa e a contracapa (ou quarta capa), apresentando o título, o autor e a editora. Na estante, é essa a parte mais visível do livro;
- contracapa (ou quarta capa): apresenta uma sinopse do livro ou textos explicativos de especialistas no assunto da obra;
- orelhas: são duas, da esquerda (prolongação da capa) e da direita (prolongação da contracapa). Nessas partes, apresentam-se

dados biobibliográficos do autor, uma síntese da obra ou opinião de autoridades na área sobre o livro. É bom esclarecer que essas partes nem sempre aparecem em livros, mas têm sido muito utilizadas recentemente como divulgação;

- folha de rosto: é a primeira página do livro, na qual se inserem o título, o nome do autor e da editora, a data da publicação, o número da edição, o nome do organizador (no caso de coletânea), o nome do tradutor;
- ficha técnica: indica todos os dados da obra, o nome do autor pelo último sobrenome, o título, o número da edição quando não for a primeira, o nome do organizador ou do tradutor, o local, a editora, a data e o ISBN[4];
- dedicatória: é uma homenagem que o autor presta a alguém;
- índice ou sumário: é uma relação dos capítulos ou unidades que constitui o livro, com a indicação do número da página inicial de cada parte;
- nota de rodapé ou de fim de livro: são informações complementares que se acrescentam para a melhor compreensão daquilo de que se está tratando numa passagem do texto;
- bibliografia e referência bibliográfica: há uma diferença entre essas duas partes: da primeira constam todas as obras lidas; da segunda, apenas as referidas no corpo do texto;
- anexos: são textos, fotos, gráficos que complementam as informações que integram o livro.

---

[4] "Criado em 1967 e oficializado como norma internacional em 1972, o ISBN - International Standard Book Number - é um sistema que identifica numericamente os livros segundo o título, o autor, o país e a editora, individualizando-os inclusive por edição. O sistema é controlado pela Agência Internacional do ISBN, que orienta e delega poderes às agências nacionais. No Brasil, a Fundação Biblioteca Nacional representa a Agência Brasileira desde 1978, com a função de atribuir o número de identificação aos livros editados no país". Disponível em: <http://www.isbn.bn.br/;jsessionid=2C681BD33B4FC0CD3962BF0B516A810F solicitacao-de-numero-isbn>. Acesso em 12 jan 2012.

> **Sugestão de atividades**
>
> **A.** O professor poderia levar os alunos a uma biblioteca e solicitar que escolhessem livros e identificassem as partes que entram na sua composição.
>
> **B.** Numa outra tarefa, já em sala de aula, os alunos poderiam comparar os dados técnicos compilados na visita à biblioteca, apresentando oralmente o levantamento.

## 3.2 Unidades de informação

Ao realizar a identificação das ideias principais veiculadas num texto ou numa obra, como exemplificado no item anterior, o aluno será capaz de compreender a mensagem que o autor deseja transmitir.

Nesta parte do livro, desejamos mostrar que as informações num texto podem e devem ser sistematizadas pelo leitor. Isso contribuirá não apenas para a compreensão do texto como também favorecerá a formação de um produtor eficiente de textos de gêneros diversificados. Por exemplo, ao produzir um artigo de opinião sobre determinado tema, o aluno ativará informações identificadas em textos lidos e estudados.

O professor tem uma grande responsabilidade no desenvolvimento da capacidade do aluno de gerar novas ideias a partir do armazenamento de informações. A leitura de textos diversos é uma das principais fontes de enriquecimento do vocabulário e da capacidade de argumentação do aluno. É lógico que não é apenas pela leitura que isso ocorre, mas a leitura auxilia sobremaneira nesse processo.

Mesmo que o professor não dedique tempo para o resumo ou fichamento do texto a ser estudado, uma atividade que deve estar sempre presente na leitura e interpretação é a identificação das unidades de informação que compõem o texto, acompanhando a progressão temática e a coerência textual. É esse o primeiro passo para uma leitura proficiente.

## Sugestão de atividade

O texto a seguir se estrutura em três parágrafos. Cada um deles contém unidades de informação que compõem a mensagem a ser transmitida. Faça um levantamento dessas unidades. (A sugestão de resposta está sublinhada no texto.)

"Papai Noel tem 31 horas no dia de Natal para executar seu trabalho, graças aos diferentes fusos horários e à rotação da Terra, assumindo que ele viaja para oeste (o que parece mais lógico). O que nos leva a 822,6 visitas por segundo. Isto é o mesmo que dizer que, para cada lar cristão com uma criança que foi boazinha o ano todo, Papai Noel dispõe de aproximadamente 1/1000 (1 milésimo) de segundo para estacionar, pular do trenó, escalar a casa, descer pela chaminé, encher as meias, distribuir os presentes restantes sob a árvore, comer o lanche que porventura lhe tenha sido deixado, voltar pela chaminé, entrar novamente no trenó e dirigir-se para a casa seguinte. Isto significa que o trenó de Papai Noel se desloca a uma velocidade de 1045 quilômetros por segundo, ou 3000 vezes a velocidade do som.

A capacidade de carga do trenó pode adicionar outros elementos interessantes à investigação. Assumindo que cada criança não ganhe mais que um conjunto médio de Lego (900 gramas), o trenó estará carregando 321 300 toneladas, não incluindo o próprio Papai Noel, invariavelmente descrito como extremamente obeso. No solo, uma rena convencional pode puxar não mais que 135 quilos. Mesmo admitindo que uma "rena voadora" possa puxar DEZ VEZES esta carga, não seria possível executar este trabalho com apenas 8 ou mesmo 9 renas. Seriam necessárias 214 200 renas voadoras. Isto aumenta o peso do conjunto, sem contar o peso do trenó, para 353 430 toneladas.

5.353 000 toneladas viajando a 1 045 quilômetros por segundo criam uma enorme resistência do ar – isto queimaria as renas espaciais quando da reentrada na atmosfera da Terra. A total vaporização de todo o grupo de renas levaria apenas 4,26 milésimos de segundo. Enquanto isso, Papai Noel seria submetido a uma força centrífuga 17 500,06 vezes maior que a gravidade. Um Papai Noel de 115 quilos (o qual nos parece burlescamente magro) seria esmagado na parte traseira de seu trenó por 1 954 700 quilogramas-força.

Conclusão: Se Papai Noel de fato entregava presentes na véspera de Natal, ele está morto agora.

(Abreu, 2001: 50-51)

## 3.3 Gêneros textuais

Como o objetivo da disciplina Língua Portuguesa é essencialmente desenvolver a competência comunicativa do aluno na compreensão e produção textuais, o estudo dos gêneros é fundamental porque é por meio de textos orais e escritos que os falantes de uma língua se comunicam.

Os gêneros textuais variam de acordo com a finalidade comunicativa, a relação entre locutor e interlocutor, o veículo utilizado e o grau de formalidade. Diversos gêneros podem se formar em função de novas práticas sociais e culturais e de estruturas estabelecidas por essas práticas comunicativas. O computador desenvolveu vários gêneros como e-mail, chat, blog, twitter, msn, facebook.

Para Marcuschi (2011: 26), "os gêneros são formas verbais de ação social relativamente estáveis realizadas em textos situados em comunidades de práticas sociais e em domínios discursivos específicos".

É comum a confusão entre *tipo textual*, *gênero textual* e *domínio discursivo*. Vejamos o que diz Marcuschi (2011: 23-24):

**a.** Usamos a expressão *tipo textual* para designar uma espécie de sequência teoricamente definida pela *natureza linguística* de sua composição {aspectos lexicais, sintáticos, tempos verbais, relações lógicas}. Em geral, os *tipos textuais* abrangem cerca de meia dúzia de categorias conhecidas como: *narração, argumentação, exposição, descrição, injunção*.

**b.** Usamos a expressão *gênero textual* como uma noção propositadamente vaga para referir os *textos materializados* que encontramos em nossa vida diária e que apresentam características *sociocomunicativas* definidas por conteúdos, propriedades funcionais, estilo e composição característica. Se os tipos textuais são apenas meia dúzia, os gêneros são inúmeros. Alguns exemplos de gêneros textuais seriam: *telefonema, sermão, carta comercial, carta pessoal, romance, bilhete, reportagem jornalística, aula expositiva, reunião de condomínio, notícia jornalística, bula de remédio, lista de compras, cardápio de restaurante, instruções de uso, outdoor, inquérito policial, resenha, edital de concurso, piada, conversação espontânea, conferência, carta eletrônica, bate-papo por computador, aulas virtuais* e assim por diante.

**c.** Usamos a expressão *domínio discursivo* para designar uma esfera ou instância de produção discursiva ou de atividade humana. Esses domínios não são textos nem discursos, mas propiciam o surgimento de discursos bastante específicos. Do ponto de vista dos domínios, falamos em discurso jurídico, discurso jornalístico, discurso religioso etc, já que as atividades jurídica, jornalística ou religiosa não abrangem um gênero em particular, mas dão origem a vários deles.

Como afirma Marchuschi (2007: 34), "os gêneros textuais fundam-se em critérios externos (sociocomunicativos e discursivos), enquanto os tipos textuais fundam-se em critérios internos (linguísticos e funcionais).'' Vamos empregar, neste livro, a expressão 'modos de organização do discurso' em vez de 'tipos textuais'.

Arrolamos a seguir alguns domínios com seus respectivos gêneros e os objetivos comunicativos:

| Domínios sociais de comunicação | Gêneros textuais | Objetivo comunicativo predominante |
| --- | --- | --- |
| discurso epistolar | carta, telegrama, e-mail | comunicar |
| discurso instrucional | instruções de montagem, receita, regulamento, regras de jogo, instruções de uso, comandos diversos | ensinar a realizar uma atividade |
| discurso jornalístico | notícia, reportagem, editorial, artigo de opinião, carta de leitor | informar, defender um ponto de vista |
| discurso jurídico | petição, recurso | defender uma causa |
| discurso literário | conto, fábula, lenda, novela | contar histórias |
| discurso memorialista | diário, biografia, relato de viagem | relatar experiência vivida |
| discurso publicitário | propaganda, cartaz | divulgar, persuadir |
| discurso religioso | oração, novena, ladainha | expressar ou manifestar fé |

O agrupamento dos gêneros em domínio não é rígido. É o que ocorre, por exemplo, com "carta de leitor" que pertence tanto ao domínio "epistolar" quanto ao "jornalístico". Agrupar os gêneros em domínios sociais de comunicação permite ao professor trabalhar a linguagem dominante em cada um deles.

O nosso objetivo é sugerir práticas de leitura de alguns gêneros textuais do domínio jornalístico – editorial, reportagem, artigo de opinião e carta de leitor –, porque o jornal é um veículo que aborda assuntos da atualidade, cobre praticamente todas as áreas de atuações, interesses e conhecimentos, e está presente no dia a dia da população, o que torna mais fácil a motivação dos jovens para ler e pensar sobre acontecimentos do cotidiano e expressar suas opiniões como cidadãos conscientes.

O professor poderá selecionar textos do livro didático ou levar um jornal para a sala e solicitar que os alunos escolham textos e identifiquem os gêneros, mostrando suas características centrais em termos de conteúdo, composição, estilo, estrutura linguística e propósitos comunicativos. Poderá ainda solicitar aos alunos que escolham um jornal e o levem para a aula. A turma será organizada em grupos para a leitura e discussão dos textos.

A etapa seguinte poderá ser a redação de um texto sobre o assunto lido, sendo feita em outro gênero, ou sobre outro assunto no mesmo gênero do texto lido. Após a correção, o professor deverá aconselhar os alunos a reescrevê-la. As duas versões poderão ser arquivadas no portfólio. O professor e os alunos poderão também selecionar alguns textos produzidos para compor um jornal mural. (Sobre a proposta de redação, consultar o capítulo 5 "O ato de escrever".)

### 3.3.1 Editorial

Os jornais e revistas, para opinarem sobre um assunto polêmico da atualidade, apresentam uma seção chamada EDITORIAL que expressa a visão do próprio veículo de comunicação. O objetivo é mobilizar a opinião pública para uma causa de interesse coletivo. Organiza-se em três partes: introdução, desenvolvimento e conclusão. Na introdução, apresenta-se o tema ou a tese; no desenvolvimento, os argumentos, depoimentos, exemplos, resultado de pesquisas, estatísticas; e, na conclusão, retoma-se o que foi apresentado ao longo do texto. A articulação entre as frases e os parágrafos, garantida pelos operadores discursivos, possibilita a exposição dos argumentos utilizados na defesa da tese. A linguagem é clara, objetiva, impessoal e no padrão formal da língua. O título é de extrema importância porque, além da função apelativa, um convite à sua leitura, antecipa o conteúdo tratado no texto.

A seguir, apresentamos um editorial do jornal *O Globo*, de 17 de março de 2012, e sugerimos que o professor leve o texto para a sala e proponha aos alunos sua leitura integral para fazer a progressão temática (identificar a ideia central expressa em cada parágrafo) e responder às seguintes questões:

- **a.** Por que este texto é um editorial?
- **b.** Qual o assunto discutido no texto?
- **c.** Qual a relação entre o título e o assunto do texto?
- **d.** Qual o público-alvo?
- **e.** Qual a tese defendida nele?
- **f.** Quais os argumentos utilizados para justificar a tese?
- **g.** Qual a conclusão?

Transcrevemos, a seguir, o editorial e, ao lado, a progressão temática do texto.

| TEXTO | PROGRESSÃO TEMÁTICA |
|---|---|
| **Crise amplia alcance da Rio+20** | |
| A Rio+20 foi uma ideia do então presidente Lula, acolhida pelo secretário-geral da ONU, Ban Ki-moon, com o objetivo de verificar o quanto se havia avançado na preser+vação do planeta desde a Rio-92. Há 20 anos, ela foi o grande marco do qual se originaram a Carta da Terra, as convenções sobre Biodiversidade, Desertificação e Mudanças Climáticas, uma declaração de princípios sobre florestas, a Declaração do Rio sobre Ambiente e Desenvolvimento e a Agenda 21, base para que cada país elabore seu plano de preservação do meio ambiente. Em 1997, foi adotado o Protocolo de Kioto, com metas para a redução da emissão de poluentes que ampliam o efeito estufa, com destaque para o CO2. | Apresentação dos objetivos que justificaram a criação da Rio+20 para avaliar o que se fez na preservação do planeta, desde a Rio-92. |

A finalidade da Rio+20, de 20 a 22 junho, na cidade, evoluiu para uma discussão sobre crescimento sustentável, isto é, ancorado nos pilares econômico, ambiental e social, com redução das emissões de carbono associadas à vida moderna, o uso mais eficiente da energia e alternativas para prevenir o esgotamento dos recursos naturais.

| | |
|---|---|
| | A finalidade da Rio+20 é a discussão sobre crescimento sustentável. |

São questões para ontem. Em entrevista ao GLOBO, o secretário-geral da ONU para a Rio+20, Sha Zukang, advertiu: "Se todos os emergentes, como Brasil, Índia e China, decidirem copiar o estilo de vida dos países desenvolvidos, seriam necessários cinco planetas Terra para atender ao aumento de demanda. Hoje somos 7 bilhões de pessoas; em 2050, seremos 9 bilhões."

A urgência da discussão desse tema, devido ao desenvolvimento e à demanda dos países emergentes: Brasil, Índia e China.

A OCDE, que agrupa os países industrializados, divulgou relatório prevendo um colapso ambiental em 2050. Até esta data, a demanda por energia deve crescer 80%, com 85% supridos por combustíveis fósseis. Com isso, as emissões de $CO_2$ aumentariam 50%. A temperatura global subiria entre 3°C e 6°C, acima dos 2°C estimados pelo Painel de Mudanças Climáticas da ONU.

A OCDE prevê um colapso ambiental em 2050, devido à demanda por energia.

Uma das questões é se, com o mundo em crise, haverá disposição dos países para investir na mudança dos modelos de produção e consumo. Acertadamente, o negociador-chefe do Brasil, André Corrêa do Lago, disse ao jornal que "é a crise mundial que vai legitimar o questionamento do atual modelo, que se revelou insatisfatório do ponto de vista ambiental, econômico e social". Com efeito, se tudo corresse às mil maravilhas na economia mundial, haveria maior resistência a mudar paradigmas.

A atual crise mundial vai legitimar o questionamento do modelo de produção e consumo vigentes.

Outra discussão é se o mundo deve frear o crescimento econômico para adequá-lo às necessidades de preservação do meio ambiente e dos recursos naturais. Não faz sentido, porque é o desenvolvimento que gera riquezas, empregos e renda. Necessário se faz estimular a inovação tecnológica para que a produção se dê com menor emissão de carbono por unidade de energia e, portanto, menos poluição. A economia de mercado já deu saltos qualitativos importantes no passado e pode fazê-lo novamente.

Discussão se o mundo deve frear o crescimento econômico para preservar o meio ambiente e os recursos naturais.

O rascunho zero do documento de trabalho da Rio+20 foi considerado vago. Mas haverá novas discussões para melhorá-lo. A próxima será nos dias 26 e 27, em Nova York, dando lugar ao rascunho n 1. Em abril, ficará pronto o rascunho 2. E nos dias 13 a 15 de junho, no Rio, todos os negociadores fecharão o documento que os chefes de Estado e governo examinarão na conferência. Que ela aponte os caminhos em direção à chamada economia verde.

Conclusão do editorial de que há esperança de que a Conferência Rio+20 aponte caminhos em direção à "economia verde".

Fonte: *O Globo*, 17 mar. 2012, p. 6.

Assim, o aluno compreenderia que o texto "Crise amplia alcance da Rio+20", estruturado em 7 parágrafos, é um EDITORIAL porque expressa a opinião do Jornal *O Globo* sobre um tema polêmico de interesse da sociedade: a Conferência Internacional Rio+20.

O assunto tratado nele é a expectativa de que o documento que sairá da Conferência Rio+20 aponte caminhos concretos para a preservação do planeta.

O título "Crise amplia alcance da Rio+20" antecipa para os leitores desse jornal a informação de que a crise econômica mundial talvez facilite um acordo internacional para a preservação do meio ambiente.

A tese defendida no editorial é a de que a Conferência Internacional Rio+20 ofereça ao planeta a oportunidade de criar uma economia global sustentável, utilizando-se de inovação tecnológica e tendo como destaque a redução das emissões de carbono. Para reforçar seu ponto de vista, apresenta uma série de argumentos: a redução das emissões de carbono associadas à vida moderna; o uso mais eficiente da energia e a busca de alternativas para prevenir o esgotamento dos recursos naturais; o planeta não aguentará o aumento de demanda dos emergentes, como Brasil, Índia e China; a OCDE prevê um colapso ambiental em 2050, devido ao aumento da demanda de energia; o mundo em crise possibilitará um investimento na mudança dos modelos de produção e consumo; o mundo deve frear o crescimento econômico para adequá-lo às necessidades de preservação do meio ambiente e dos recursos naturais; e a necessidade de estimular a inovação tecnológica para que a produção se dê com menor emissão de carbono e, portanto, menos poluição.

A conclusão a que se chega da leitura do texto é a de que, das discussões da Conferência "Rio+20", sairão propostas mais concretas para um crescimento sustentável.

### 3.3.2 Reportagem

Quando um fato jornalístico demanda um maior aprofundamento na coleta de dados, na pesquisa de campo, no relato de testemunhas e autoridades sobre o assunto, temos uma REPORTAGEM.

Propomos como atividade a leitura da reportagem "Migrantes do tempo".

**Migrantes do tempo**
Brasil é visto como o principal destino de latino-americanos afetados pelo aquecimento global
Cláudio Mota

Após assistir à onda de imigração de haitianos, o Brasil pode se tornar o principal destino de migrações relacionadas a problemas ambientais na América do Sul. As mudanças climáticas, a ciência dá como certo, vão agravar as catástrofes naturais. Secas ficarão mais severas, chuvas, mais fortes e a água, escassa. Nestas circunstâncias, algumas regiões do continente devem sofrer. E, sem ter como permanecer em seus países, alertam especialistas, haverá um afluxo de pessoas buscando refúgio em outras nações. Elas chegarão em situação extremamente vulnerável, muitas vezes sem condições de arcar com despesas básicas, como alimentação e moradia.

Na hora de escolher um novo lugar para recomeçar a vida, o Brasil é visto como o melhor destino. A enorme fronteira é uma barreira fácil de ser transpassada. O país não atravessa crise econômica e, além da capacidade de absorver a mão de obra, não impõe restrições severas aos estrangeiros, mesmo que ilegais. A política brasileira de imigração é branda, sobretudo quando comparada com a de outras nações, como os Estados Unidos e os países da Europa.

Entre os países que mais deverão sofrer com as mudanças climáticas na América do Sul, destaque para o Peru. O aquecimento global começa a reduzir as geleiras dos Andes peruanos e isto deverá comprometer o abastecimento de água de vilarejos e cidades, de acordo com o coordenador dos cursos de pós-graduação de gestão ambiental da Escola Politécnica da UFRJ, Haroldo Mattos de Lemos.

— Já não há mais tanto gelo dos Andes para derreter, algumas vilas andinas do Peru enfrentam dificuldades de obter água. Se o problema continuar neste ritmo, as pessoas vão ter que se mudar. Este será um dos primeiros problemas ambientais a provocar migrações em larga escala, diz Mattos de Lemos, — chuvas mais intensas, secas prolongadas, tornados, furacões vão ficar mais frequentes num futuro próximo. Quando isto acontecer, teremos problemas sérios.

Especialistas também citam a Colômbia, a Bolívia, o Equador e a Guiana, além do Peru e do Haiti, como exemplos de países cujos problemas ambientais agravarão movimentos migratórios.

Fonte: MOTA, Cláudio. Migrantes do tempo. In: *O Globo*. Caderno Planeta Terra. Rio de Janeiro, 24 jan. 2012, p. 8-9.

O texto "Migrantes do tempo" é uma reportagem que apresenta, com fatos e opiniões, um dos graves problemas que ameaça nosso século: a provável migração (no caso, para o Brasil) de pessoas (no caso, latino-americanos) afetadas pelo aquecimento global. Como acontece com esse gênero textual, logo após a manchete (título chamativo para atrair o leitor), aparece uma frase que sintetiza a principal informação a ser relatada (lide). Como o texto faz uma prospecção futura, apresenta o fato e explica onde, quando, como, por que ele ocorrerá.

Para dar veracidade aos fatos, cita a opinião de especialistas ("alertam especialistas", parágrafo 1; "de acordo com o coordenador dos cursos de pós-graduação de gestão ambiental da Escola Politécnica da UFRJ", parágrafo 3; "diz Mattos de Lemos" parágrafo 3; "Especialistas também citam", parágrafo 4).

Uma das características do texto jornalístico é a imparcialidade na abordagem do assunto, logo a linguagem deve ser impessoal, objetiva, no registro formal. Entretanto, muitos deixam transparecer o ponto de vista do repórter sobre o assunto, orientando a opinião do leitor ("A política brasileira de imigração é branda", parágrafo 2; "Quando isto acontecer, teremos problemas sérios", parágrafo 4).

REPORTAGEM é um gênero muito próximo da notícia. Enquanto este é a narrativa de um acontecimento que acabou de ocorrer, estruturado a partir da resposta às perguntas *Quem? Fez o quê? Quando? Onde? Por quê? Como?*, aquele não é um puro relato de fatos ou acontecimentos recentes. Resulta, como dissemos, de pesquisas com o objetivo de fornecer ao leitor mais detalhes sobre o assunto, com questionamento, interpretação, diferentes versões, depoimentos, ilustrações, resultando muitas vezes em uma tomada de posição. A reportagem pode ser veiculada, além do jornal e revista, no rádio e na televisão.

## Sugestão de atividade

Sem pretender esgotar as possibilidades de abordagem do texto "Migrantes do tempo", sugerimos o seguinte encaminhamento que será certamente complementado pelo professor e pelos alunos:

1. identificar o contexto de produção;
2. identificar o tema (ideia central);
3. reconhecer a progressão temática (forma como o conteúdo se desenvolve ao longo do texto);
4. relacionar título e lide com o conteúdo da reportagem;
5. identificar a tese e os argumentos utilizados para defendê-la;
6. reconhecer as características do gênero;

7. inferir informações implícitas;
8. distinguir causa e consequência;
9. identificar a polifonia (presença de citações de outros autores no texto);
10. identificar as marcas linguísticas que evidenciam locutor e interlocutor (pronomes e verbos);
11. reconhecer o sentido de palavras ou expressões (sintagmas nominais: substantivos e adjetivos);
12. reconhecer o efeito de sentido decorrente dos sinais de pontuação e dos recursos semântico-lexicais e morfossintáticos (verbos no presente — expõem um acontecimento atual; e no futuro do presente — indicam fato provável posterior ao momento em que se fala);
13. estabelecer relações entre partes do texto, identificando as repetições ou substituições que contribuem para a sua continuidade (anáfora/catáfora[5]);
14. estabelecer relações lógico-discursivas marcadas por conjunções, preposições, advérbios (de tempo, lugar e modo, para indicar as circunstâncias em que ocorre a ação verbal dos fatos apresentados) etc.

### 3.3.3 Artigo de opinião

O ARTIGO DE OPINIÃO, assim como o editorial, tem um caráter opinativo, mas não expressa a opinião do veículo em que está sendo divulgado e sim do articulista, por isso é sempre assinado pelo autor que é o responsável pelas opiniões expressas.

Como o objetivo principal do texto argumentativo é convencer o interlocutor, o autor tem de expor seu ponto de vista (tese) e de justificar sua posição apresentando razões (argumentos). Muitas vezes ele necessita reportar-se a diferentes vozes para reforçar sua tese. Nesse momento, o professor poderá trabalhar o conceito de polifonia, mostrando que um autor, para convencer seu leitor, vale-se da opinião de autoridades no assunto que são inseridas no seu texto.

---

[5] Ver explicação desses termos no item 3.5.

## Sugestão de atividade

Propomos, como atividade, a leitura do artigo de opinião "Um povo heroico", da escritora gaúcha Lya Luft, sobre a tragédia no Japão.

**Um povo heroico**
Lya Luft

Somos bilhões de formiguinhas aflitas correndo de um lado para outro pelo globo terrestre. Fazendo guerra, fazendo amor, fazendo filho, fazendo maldade, fazendo coisas belas e boas, fazendo loucuras, não fazendo nada, mas sempre nos achando importantes. Tão frágeis, tão ineptos, e tão grandiosos somos, produzindo maravilhas de ciência, tecnologia e arte, e gestos humanos de bondade. Mas também matamos entusiasticamente nas chamadas guerras, em geral à distância: do inimigo sem rosto, não se ouvem os gritos. Meninos continuam sendo mandados para morrer na batalha. Complexo formigueiro, este nosso.

Mas um dia a mãe Terra resmunga, se remexe, dá de ombros, e nos afogamos em lama, em mar, em deslizamentos, em fendas, em desabamentos. Terremoto, maremoto, furacão. Assim, um terremoto gigantesco, seguido de um maremoto tremendo, destrói parte do Japão. Poucas vezes, ignorante que sou, eu tinha me dado conta de que um país tão importante, poderoso, guerreiro, com tal tecnologia, ciência tão adiantada e tão refinada arte, é um conjunto de ilhas. Mas a valentia de seu povo o torna um continente imenso. Não sou capacitada para escrever sobre o povo e cultura tão antigos, respeitáveis, peculiares e quase misteriosos. Porém posso falar de seres humanos e de seu comportamento nesses instantes de sofrimento e horror. É praticamente unânime o comentário dos jornalistas estrangeiros, calejados e experientes: nunca viram tamanha compostura e dignidade diante da desgraça. Nenhuma revolta, nem sombra de saques aos estabelecimentos comerciais. Muitos deles baixaram os preços, mesmo com os alimentos e outros produtos escassos. Tudo ao contrário do que se veria habitualmente em outras partes do mundo.

Transcrevo aqui parte de um e-mail que me envia de Tóquio minha amiga Chieko Aoki – a "arvorezinha azul" – que estava lá na hora do cataclismo, e lá continua: "O número de vítimas fatais é ainda incerto, porque sumiram cidades inteiras com todos os seus habitantes. As palavras que mais se pronunciam aqui são: gambaru (vou me empenhar, fazer o melhor que posso), gamam (vou aguentar, ter paciência), kansha (gratidão), tasukeai (cooperação mútua). As próprias vítimas dizem que devem ser os primeiros a se ajudarem mutuamente, porque sabem quanto o outro está sofrendo com as perdas de familiares e de tudo o que construíram . Por exemplo, um médico foi salvo e estava num abrigo, mas não encontrou nem esposa e os filhos. Mesmo assim, ele atende e medica as vítimas enquanto um outro sai à procura do nome dos seus familiares nas listas de vítimas fatais. Cada um contribui da melhor forma para amenizar tanta dor.

Acrescentou-se a tudo isso a ameaça da radiação nuclear, que aparentemente contaminou, ainda que em níveis não muito altos, água, vegetais e o ar de algumas partes do país próximas à usina nuclear atingida pelo tsunami. O perigo não passou, mas os japoneses, que perderam brutalmente pessoas amadas, bens, casas, documentos, aldeia, cidade, ruas, estradas, ou instrumentos de trabalho, lavouras, hospitais, escolas, começam a falar em reconstrução e esperança.

Enquanto escrevo, neva pesadamente sobre o norte do Japão, a parte devastada. É possível que se morra ainda de fome e frio, apesar do esforço de tantos. Milhares de desaparecidos e mortos, que talvez nunca sejam encontrados, dormem sob metros de terra e destroços, ou no fundo do oceano, para onde as gigantescas ondas os levaram ao retornar de sua viagem sinistra. Nos que ficaram, lágrimas, mas compostura. Rostos desfigurados pelo sofrimento, mas cuidado com a necessidade do vizinho, ou do desconhecido. Religiosidade, filosofia, disciplina, trabalho, tenacidade, coragem heroica, respeito e amor pela sua terra, seu lugar: não vi ainda maior exemplo de vida e de conduta. Às vezes em situações limite, as formiguinhas se tornam gigantes. Assim, deixo aqui a minha homenagem a todo esse povo, do qual infelizmente pouco sei, e seus descendentes no Brasil, através da minha amiga Chieko, a arvorezinha azul.

FONTE: LUFT, Lya. *Veja*, Edição 2210, São Paulo, 30 mar. 2011.

Em seguida, o professor deve apresentar questões que encaminhem a compreensão do texto:

1. Que fato motivou a produção do texto "Um povo heroico"?
2. Por ser um texto argumentativo, a autora expõe seu ponto de vista e apresenta argumentos para defendê-lo. Localize no texto a tese e os argumentos utilizados para fundamentar a opinião da autora.
3. Para confirmar sua tese, a autora apresenta o depoimento de alguma pessoa?
4. No último parágrafo, a autora retoma a tese inicial. Explique.
5. Observe a linguagem utilizada no artigo de opinião: grau de formalidade e marcas linguísticas que identifiquem locutor e interlocutor.

> **6.** O artigo de opinião expressa a visão pessoal do autor sobre o fato. Retire do texto recursos linguísticos utilizados com essa finalidade.

### 3.3.4 Carta de leitor

Outro gênero do domínio jornalístico de caráter opinativo é a CARTA DE LEITOR em que o leitor do jornal ou da revista manifesta seu ponto de vista, usando recursos argumentativos, sobre um determinado assunto da atualidade, publicado pelo veículo. A seção Carta de Leitor tem por objetivo abrir um espaço de diálogo entre o veículo de comunicação e o leitor que pode livremente expressar seu ponto de vista. De maneira geral, o veículo escolhe, para publicar, duas ou mais cartas de opiniões diferentes sobre um mesmo assunto. Isso pode ser observado nas cartas transcritas abaixo sobre a reportagem "A língua do Google", publicada na revista *Veja*, em 5 de maio de 2010, sobre o sistema desenvolvido por esse *site* de busca que permite a tradução instantânea de textos escritos em 52 idiomas. A previsão é de que, em dez anos, 250 línguas já sejam contempladas.

**Tradutor do Google**
Tive uma grata surpresa ao receber VEJA. O assunto da reportagem de capa, "A língua do Google" (5 de maio), é exatamente o que escolhi para trabalhar com meus alunos na feira cultural do Colégio Internacional Anhembi Morumbi. Alunos do 6º ano até o 3º do ensino médio vão apresentar aos visitantes provas de como, através da internet – do tradutor do Google –, o homem poderá superar finalmente as dificuldades de comunicação entre os vários países do mundo. É claro que já incluí a reportagem da edição 2163 no trabalho!
Clemári Marques Ribeiro
Professora de Língua Portuguesa
*São Paulo, SP*

> É inegável a praticidade que os tradutores linguísticos da rede oferecem. Mas é hora de perguntar a nós mesmos se não seria essa mais uma ferramenta para incentivar a preguiça e o desinteresse em aprender de fato. No meu tempo de estudante, realizar uma pesquisa ou uma tradução era tarefa de dias, e o conhecimento do tema ficava na nossa memória. Hoje, dois dias depois de pesquisar, a enorme maioria dos alunos nem se lembra do que viu.
> Humberto Beltran
> Professor de idiomas
> *Nova Alvorada do Sul, MS*
>
> O uso do Google é importante, mas não substitui a leitura de um bom livro. A quantidade de informações fragmentadas e diluídas que obtemos por meio dessa ferramenta não é páreo para uma edição que pode ser manuseada e saboreada como um bom vinho.
> Zaíra Dirani
> Professora
> *Brasília, DF*
>
> Disponível em: <http://veja.abril.com.br/120510/leitor.shtml> Acesso em: 28 jan. 2012.

Apesar de esse gênero textual ter a mesma estrutura de qualquer carta – data, vocativo, corpo do texto, despedida, assinatura –, por questão de espaço o veículo publica o corpo do texto, às vezes reduzido, o nome do remetente, a atividade em que atua e a cidade e o estado de origem. Isso aponta para o fato de que o remetente é o único responsável pelo texto.

Na primeira carta, o leitor é favorável à criação do sistema e promete levar a reportagem para trabalhar com os alunos em sala de aula. Na segunda e na terceira, os leitores são desfavoráveis. O leitor da segunda levanta a possibilidade de ser uma forma de incentivar a preguiça e o desinteresse; e o da terceira, porque as informações são fragmentadas e diluídas.

## Sugestão de atividade

Seria interessante o professor conduzir a leitura do aluno solicitando que indique a) o assunto; b) a opinião do autor (tese); c) a justificativa usada para fundamentar a tese (argumento); d) a conclusão a que chegou o leitor.

Além disso, reconhecer a) as marcas linguísticas que evidenciam locutor e interlocutor; b) o grau de formalidade; c) o sentido de palavras ou expressões; d) o efeito de sentido decorrente dos recursos morfossintáticos, semântico-lexicais e de pontuação; e) as relações entre partes do texto, identificando as repetições ou substituições que contribuem para a continuidade do texto.

## 3.4 Modos de organização do discurso

Cada gênero textual possui características e objetivos definidos e constrói-se por meio de uma sequência linguística: narrativa, descritiva, expositiva, argumentativa, injuntiva, dialogal. Na interpretação de um texto, é essencial a identificação dos recursos linguísticos empregados e a forma de sua apresentação. Assim, narrar, descrever, expor, argumentar, ensinar, intercomunicar são os modos de organização do discurso. Um gênero textual pode apresentar mais de um modo de organização; por exemplo, em um romance ou conto, gêneros essencialmente narrativos, aparecem passagens descritivas.

### 3.4.1 Narrativo

A NARRAÇÃO consiste no relato de fatos reais ou imaginários, ou de ações de pessoas ou de personagens ocorridos em um determinado tempo e lugar. Esse modo de organização está presente no nosso dia a dia, quando contamos novidades aos familiares e amigos; quando assistimos a uma telenovela, ou a um filme; lemos uma notícia no jornal, um romance, um conto, uma crônica.

Ouvir e contar história são atividades muito antigas. A sabedoria de muitos povos foi transmitida por meio de histórias contadas pelos mais velhos para os mais novos.

Em um texto narrativo, a história é contada por um narrador, que pode ser também personagem ou apenas observador, que compõe um enredo com ações que ocorreram com personagens em local e tempo definidos, em uma relação de causa-consequência. "Um elemento central na organização de textos narrativos é a sequência temporal" (Marcuschi, 2011: 30). Logo, os tempos e modos verbais, os advérbios e expressões adverbiais marcadores de tempo e de espaço, e os nomes e pronomes em função anafórica e catafórica são elementos essenciais para a coesão e coerência textuais.

Como exemplo, apresentamos fragmentos do conto *Mandrake*, de Rubem Fonseca, com alguns comentários.

### Mandrake
Rubem Fonseca

Eu jogava com as brancas e empregava o bispo em fianqueto. Berta preparava um forte centro de peões.

Aqui é do escritório do Dr. Paulo Mendes, disse a minha voz no telefone-gravador, dando a quem ligava trinta segundos para deixar sua mensagem. O sujeito disse se chamar Cavalcante Méier, como se entre os dois nomes existisse um hífen, e que estavam tentando envolvê-lo num crime, mas — tlec — o tempo dele acabou antes dele dizer o que pretendia.

Sempre que a gente está num jogo duro um cliente telefona, disse Berta. Tomávamos vinho Faísca.

O sujeito ligou novamente, pedindo que eu ligasse para a casa dele. Um telefone da zona sul. Atendeu uma voz velha, cheia de calos (de reverência) nas cordas vocais. Era o mordomo. Foi chamar o doutor.

> Tem mordomo na história, já sei quem é o assassino. Mas Berta não achou graça. Além de viciada em xadrez ela levava tudo a sério.
>
> FONTE: FONSECA, Rubem. *64 contos*. São Paulo: Companhia das Letras, 2004, p. 303. (fragmento)

No texto, observamos que o narrador conta uma história da qual participa como personagem. Ele se situa nos acontecimentos, o que se comprova com o emprego dos verbos e pronomes na 1ª pessoa: "*Eu jogava*"; "disse a minha voz no telefone-gravador"; "Sempre que a *gente está* [nós estamos] num jogo duro"; "*Tomávamos* vinho Faísca"; "que *eu ligasse* para a casa dele"; "já *sei* quem é o assassino".

Nos cinco parágrafos, encontram-se elementos estruturadores de um texto narrativo:

- foco narrativo — em 1.ª pessoa (verbos e pronomes);
- enredo (apresenta fatos em uma relação de causa/consequência) — um casal que joga xadrez e é surpreendido por um telefonema informando sobre alguém que estava sendo acusado de um crime;
- personagens — Berta, Dr. Paulo Mendes, Cavalcante Méier e o mordomo;
- espaço — advérbios e expressões adverbiais: *o escritório do Dr. Paulo Mendes* (onde se passa a ação), e outras referências a lugar: *a casa dele, zona sul, aqui*;
- tempo — cena do cotidiano ocorrida em um curto espaço de tempo (verbos no pretérito imperfeito do indicativo, para designar um fato passado, mas não concluído: *jogava, empregava, preparava, ligava, estavam, tomávamos, era, levava*; no pretérito perfeito do indicativo, para marcar um fato passado já concluído: *disse, acabou, atendeu, achou*; presente do indicativo, para designar ações e estados permanentes: *é, está, telefona, tem, sei*; e no pretérito imperfeito do subjuntivo, para expressar uma atitude de incerteza: *existisse, ligasse*; e advérbios e expressões adverbiais: *trinta segundos, novamente*);

- recursos linguísticos: em texto narrativo, além dos verbos e dos advérbios, os pronomes desempenham também um papel importante na referência ao narrador e aos personagens: *eu jogava*, *minha* voz, *sua* mensagem, envolvê-*lo*, o tempo *dele*, *dele* dizer, a *gente* está, *eu* ligasse, casa *dele*, *ela* levava;
- expressões no registro informal: o *sujeito* (a pessoa), a *gente* (nós).

### Aprofundando os conhecimentos

Para aprofundar os conhecimentos sobre o emprego dos tempos e modos verbais, pode-se consultar "Sintaxe dos modos e dos tempos", CUNHA, Celso. *Gramática do português contemporâneo*. Pereira, Cilene da Cunha (org.). 2 ed. Rio de Janeiro: Lexikon & Porto Alegre: L&PM, 2010, p. 276-299.

## Sugestão de atividade

Propomos a leitura do fragmento do conto "Uma história simples", do escritor Geraldo Holanda Cavalcanti, e algumas questões que poderão orientar o estudo do texto, tais como: Qual o tema? Onde e quando se passa a história? Quem e como são os personagens? Qual o foco narrativo? Qual o conflito gerador?

Além disso, o professor deve explorar recursos linguísticos empregados: verbos, pronomes, sintagmas nominais (substantivo e adjetivo), advérbios e expressões adverbiais indicadores de tempo e espaço.

# Uma história simples
Geraldo Holanda Cavalcanti

Meu quarto amor foi Aglaia.

Aglaia era efusiva, autêntica, desafiadora, real. Isso, real. Tinha seus arroubos oníricos – quem não os tem –, mas estava plantada na terra e sabia distinguir o que era visão do que era convenção, a convenção social que impregnava toda a atmosfera do mundo em que vivia. E Aglaia era bonita.

Não foi fácil, a princípio, não por Aglaia, mas por mim. Sentia-me demasiado pequeno para a grandeza que lhe atribuía feio para sua beleza, inexperiente para seu à vontade social, inculto, para sua versatilidade na conversação, ingênuo, para sua ironia, pobre, para sua riqueza, desajeitado, para sua exuberante naturalidade. Um idiota. Mas, fosse porque não podia esconder minha absorvente admiração por ela, fosse porque meus furtivos, medrosos, mas insistentes e amorosos olhares lhe iluminassem inadvertidamente o rosto receptivo, terminou Aglaia por conceder-me o inesperado privilégio de sua atenção. Via em mim coisas que eu não chegava a ver, mas que ela descrevia com inesperada ternura. Eu era melhor, mais nobre, mais atento, mais sábio do que todos os homens que a cercavam ou que a cortejavam. Nenhum deles valia mais do que o meu dedo mínimo, nenhum seria digno de levantar do chão um lenço que ela deixasse cair. Com o tempo, Aglaia chegou mesmo ao ponto de propor-me ser o comparsa de suas intenções de fugir de casa. Poderíamos ir a Roma, Paris, visitar os museus que ela só conhecia de nome. E viveríamos simplesmente ensinando crianças. Claro que não podia esperar maior contemplação por parte dos deuses que pudessem reger a complicada trama de nossas vidas. Mas tive medo. Ou fui demasiado lúcido para compreender que tudo seria uma insensata aventura, pois todo o apoio que pudesse dar-lhe na tresloucada empresa logo se voltaria contra mim na forma absolutamente irremediável de responsabilizar-me pelo inevitável insucesso que dela resultaria.

Que maior prova podia eu dar de que, longe de ser uma pessoa desvairada, desligada das realidades do mundo, como minha família me acusava de ser, eu sabia me comportar com sensatez diante até das mais tentadoras propostas que me aparecessem?

Com inabalável coragem e senso de responsabilidade afastei-me de Aglaia e, por algum tempo, vivi sozinho com meus pensamentos. Não tive qualquer contato social durante anos. Bastava-me a mim mesmo e com a companhia, somente, dos livros que nunca me abandonaram.

Até o dia em que conheci Emma.

FONTE: CAVALCANTI, Geraldo Holanda. "Uma história simples". In: *Encontro em Ouro Preto*. Rio de Janeiro: Record, 2007, p. 89-90. (fragmento)

## 3.4.2 Descritivo

A DESCRIÇÃO centra-se na enumeração de detalhes de objetos, de pessoas, de fatos, de lugares, de animais, de plantas, de modo que cada um deles tenha a sua individualidade e se torne inconfundível. Além de estar presente nos gêneros textuais de base narrativa, a descrição aparece em outros gêneros: relatório, guia turístico, reportagem, relato de experiência científica, verbete de dicionário, de enciclopédia etc. A descrição é o resultado de um processo de observação, em que uma imagem é construída por meio de palavras.

Nesse modo de organização, os seres são nomeados e qualificados, os verbos de situação aparecem no presente ou no pretérito imperfeito do indicativo e circunstancializadores indicam lugar. "No caso de textos descritivos predominam as sequências de localização"

(Marcuschi, 2011: 30). Aprender a olhar é essencial para a descrição, por isso se costuma associar a descrição à fotografia.

Apresentamos, a seguir, os contos "Penélope", de Dalton Trevisan, e "Arpoador", de Adriano Espínola, com alguns comentários.

### Texto 1

**Penélope**
Dalton Trevisan

Naquela rua mora um casal de velhos. A mulher espera o marido na varanda, tricoteia em sua cadeira de balanço. Quando ele chega ao portão, ela está de pé, agulhas cruzadas na cestinha. Ele atravessa o pequeno jardim e, no limiar da porta, beija-a de olho fechado.

Sempre juntos, a lidar no quintal, ele entre as couves, ela no canteiro de malvas. Pela janela da cozinha, os vizinhos podem ver que o marido enxuga a louça. No sábado, saem a passeio, ela, gorda, de olhos azuis e ele, magro, de preto. No verão, a mulher usa um vestido branco, fora de moda; ele ainda de preto. Mistério a sua vida; sabe-se vagamente, anos atrás, um desastre, os filhos mortos. Desertando casa, túmulo, bicho, os velhos mudam-se para Curitiba.

Só os dois, sem cachorro, gato, passarinho. Por vezes, na ausência do marido, ela traz um osso ao cão vagabundo que cheira o portão. Engorda uma galinha, logo se enternece, incapaz de matá-la. O homem desmancha o galinheiro e, no lugar, ergue-se cacto feroz. Arranca a única roseira no canto do jardim. Nem a uma rosa concede o seu resto de amor.

FONTE: TREVISAN, Dalton. Penélope. In: *33 contos escolhidos*. Rio de Janeiro: Record, 2005, p. 11-12. (fragmento)

No fragmento do conto "Penélope", o narrador não participa da história, é apenas um observador, o que se pode depreender do emprego dos verbos e dos pronomes na terceira pessoa: "A mulher *espera* o marido na varanda"; "Quando *ele chega* ao portão, *ela* está de pé"; "*Ele atravessa* o pequeno jardim"; "*ele* entre as couves, *ela* no canteiro de malvas".

Apesar de o conto ser narrativo, esse fragmento é predominantemente descritivo:

- personagens — um casal de velhos (os fatos são vividos por eles em um determinado espaço e tempo);
- espaço — a casa onde vivem os personagens, marcado por expressões adverbiais indicadoras de lugar (*naquela rua; na varanda; pequeno jardim; limiar da porta; quintal; Curitiba*);
- tempo — o cotidiano dos personagens, marcado por verbos de ação no presente do indicativo para expressar uma ação habitual (*mora, espera, tricoteia, chega, atravessa, beija, podem, enxuga, saem, usa, sabe, mudam, traz, cheira, engorda, enternece, desmancha, ergue, arranca, concede*) e por expressões adverbiais (*quando ele chega; sempre juntos; no sábado; no verão, anos atrás*);
- enredo — a vida metódica e aparentemente banal de um casal de velhos, envolvida em um passado obscuro.

Para o encadeamento do texto, o estabelecimento das relações entre partes do texto e a garantia da progressão temática, são empregados recursos linguísticos de repetição e substituição: pronomes (*ele, ela*); substantivos (*marido, mulher*) que juntamente com as expressões indicadoras de tempo e de espaço garantem a coesão e a coerência textual.

**Aprofundando os conhecimentos**

No conto *Penélope*, de Dalton Trevisan, o enredo gira em torno de um casal de velhos que tem sua vida metódica abalada por uma série de cartas anônimas que provocam o ciúme paranoico do marido e o suicídio da mulher.

Esse autor se valeu do mito grego de Penélope, esposa fiel que aguarda o retorno do marido Ulisses, da Guerra de Troia, narrado na *Odisseia*, de Homero, para criar uma nova história.

O professor poderia propor a leitura integral do conto de Trevisan e uma pesquisa na internet sobre a personagem mítica criada por Homero.

**Texto 2**

**Arpoador**
Adriano Espínola

Tudo se precipita na manhã de domingo. Rola do alto para baixo o velho tronco descascado da luz do verão, empurrando as pessoas para o calçadão à beira-mar e a areia da praia.

Tudo se precipita e se lança nesta hora. O Arpoador, mais uma vez, golpeia com seu braço de pedra o mar, ao querer agarrar as ilhas adiante. Rapazes nas pranchas de surfe, ao lado, deslizam sobre o peito enrodilhado das águas, enquanto mulheres de biquíni, deitadas sobre cangas coloridas na areia, se oferecem ao sol sedento.

Ali em frente, no bosque onde estás, sentado em um banco de pedra, formigas caem sobre o teu ombro, descem até o braço para festejar a carne lanhada de luz, entre manchas de sol no chão, o alarido das vozes em torno e a canção esverdeada das árvores ao vento. No fundo do bosque, em uma fenda rochosa, orixás se calam e te olham,

> por entre oferendas, em um pacto secreto de vida para além da vida.
>
> Tudo se precipita e arde na praia. Corpos, conchas, ondas e desejos aproximando-se da plenitude do meio-dia. Contra a manhã, somente se ergue o teu canto, ponte de sílabas que logo se desfaz entre lábios e o ar, ferida sonora que teima em se abrir sob as veias transparentes do sol.
>
> FONTE: ESPÍNOLA, Adriano. *Malindrânia*. Rio de Janeiro: Topbooks, 2009, p. 69-70.

O texto "Arpoador", denominado pelo autor de "relato", é, a nosso ver, uma crônica em evanescente clima lírico, no sentido em que Rubem Braga denominava esse gênero literário como um flagrante poético da vida. Assim, como se tivéssemos um instantâneo fotográfico, o escritor nos apresenta um retrato típico de um dia de sol nas areias de uma praia da Zona Sul do Rio de Janeiro.

A descrição de uma manhã de domingo, na praia do Arpoador, se organiza por meio de metáforas, comparações e impressões sensoriais (*o alarido das vozes; sol sedento; peito enrodilhado das águas, cangas coloridas; banco de pedra; carne lanhada de luz; manchas de sol no chão; canção esverdeada das árvores ao vento; fenda rochosa; pacto secreto de vida; as veias transparentes do sol*).

Como na descrição os seres, objetos, ambientes são considerados em sua simultaneidade, os verbos estão no presente do indicativo: *precipita, rola, lança, golpeia, deslizam, oferecem, estás, caem, descem, calam, olham, arde, ergue, desfaz, teima*. Há três parágrafos que iniciam com a expressão *Tudo se precipita*.

Ênfase na adjetivação: *velho* tronco *descascado* da luz *do verão*; peito *enrodilhado*; cangas *coloridas*; sol *sedento*; banco *de pedra*; carne *lanhada de luz*; manchas *de sol* no chão; canção *esverdeada*; fenda *rochosa*; pacto *secreto de vida*; ferida *sonora*; veias *transparentes do sol*.

Palavras e expressões indicadoras de lugar: *o calçadão à beira-mar; a areia da praia; Arpoador; braço de pedra; mar; ilha; água; areia; bosque; banco de pedra; chão; fundo do bosque; fenda rochosa*.

## Sugestão de atividade

Escolher um texto descritivo para estudar a força expressiva da adjetivação: adjetivo, locução adjetiva e oração adjetiva.

### 3.4.3 Expositivo

A sequência textual EXPOSITIVA tem por finalidade informar ou explicar um assunto sem apresentar discussão nem assumir posição sobre o tema tratado. Consideram-se expositivos os textos didáticos e científicos das diferentes áreas do saber, bem como reportagem jornalística, relatório, verbete.

No texto expositivo, o assunto é abordado de forma objetiva, impessoal e isenta, a partir de resultados de pesquisas e comprovações, com o predomínio da função referencial da linguagem. Entretanto, em função do tratamento dado ao tema, pode-se inferir a posição do autor.

Para exemplificar, apresentamos, a seguir, um fragmento do texto "Que animais silvestres vivem na cidade de São Paulo?", de Yuri Vasconcelos, publicado em *Superinteressante*, revista que aborda, de forma simples, ilustrada e divertida, para leitores não especializados, uma diversidade de assuntos nas áreas da saúde, tecnologia, história, aventura, ciência. Nesse modo de organização textual, o autor geralmente expõe, no início, a ideia principal, desenvolvendo-a, nos parágrafos seguintes, com exemplos, comparações, dados estatísticos, ou depoimento de autoridades no assunto.

> **Que animais silvestres vivem na cidade de São Paulo?**
> Yuri Vasconcelos
>
> Apesar de caótica e poluída, a cidade de São Paulo tem uma rica fauna silvestre e é morada de pelo menos 428 diferentes espécies de animais. Esses animais foram identificados por meio de um levantamento feito pela Secretaria Municipal do Verde e do Meio Ambiente (SVMA)

e estão divididos em 5 classes de vertebrados: aves, mamíferos, anfíbios, répteis e peixes. Outros bichos, como insetos, moluscos, aracnídeos, animais domésticos e os que vivem no zoológico, não integram a lista. "Do total de animais apontado no estudo, apenas 73 espécies são nativas da região. As demais ou foram trazidas para a cidade por um criador ou visitam São Paulo em suas rotas migratórias – isso ocorre principalmente com as aves", afirma Vilma Geraldi, diretora da Divisão de Medicina Veterinária e Manejo de Fauna Silvestre da (SVMA). Trinta e nove espécies estão ameaçadas de extinção. E, se você está estranhando nunca ter visto tamanha variedade animal nas ruas de São Paulo, a explicação é simples: os bichos não são chegados à barulheira e vivem principalmente em parques ou em áreas verdes, como o Ibirapuera; a serra da Cantareira, no norte da cidade; e a Área de Proteção Ambiental de Capivari-Monos, no extremo sul.

**É bicho pra cachorro!**
**Aves são o grupo de maior diversidade na cidade**

**Aves**

Com 285 espécies, as aves são o grupo mais numeroso. Além dos bandos de pardais, pombas e maritacas, que podem ser facilmente vistos em meio ao caos urbano, São Paulo também tem aves raras com o falcão-peregrino, o gavião-relógio, a águia-pescadora e o papo-branco, um pássaro que corre o risco de extinção.

**Répteis**

De tempos em tempos, um jacaré dá as caras no poluído rio Tietê. São Paulo é lar de 37 espécies de répteis, entre cágados, camaleões, iguanas, lagartos teiús e lagartixas. Só de cobras, são 23 tipos diferentes (dormideira, cascavel, jararaca, cobra-cipó etc.).

**Peixes**

Como os grandes rios da cidade são poluídos demais, quase não existem peixes neles. As 9 espécies de peixes vivem nos lagos dos parques. Além das carpas do Ibirapuera, a cidade também abriga surubins, bagres-africanos, guarus, tilápias, sarapós, curimbatás, lebistes e acarás.

**Mamíferos**

Os mamíferos silvestres do município são de 57 espécies. Entre elas, há onças-pardas, veados-catingueiros, preguiças, lontras, bugios, macacos-prego e capivaras. Eles vivem nas áreas mais protegidas, como no extremo sul, região de mata Atlântica.

**Anfíbios**

Das 40 espécies de anfíbios já encontradas em São Paulo, 21 são endêmicas, entre elas o sapinho-arborícola-de-polegar-curto, a pererreca-de-banheiro, a rãzinha-piadeira, o sapo-cururu , a pererreca-verde e a pererreca-trepadora-punctada.

VASCONCELOS, Yuri. *Que animais silvestres vivem na cidade de São Paulo?* In: Superinteressante, edição 239, maio de 2007. Disponível em: <http://super.abril.com.br/mundo-animal/animais-silvestres-vivem-cidade-sao-paulo-446928.shtml>. Acesso em: 06 fev. 2012.

"Que animais silvestres vivem na cidade de São Paulo?" é um texto de divulgação científica, que expõe, logo de início, a informação mais importante: "Apesar de caótica e poluída, a cidade de São Paulo tem uma rica fauna silvestre e é morada de pelo menos 428 diferentes espécies de animais." Em seguida, para dar veracidade às informações, apresenta o depoimento da diretora da Divisão de Medicina Veterinária e Manejo de Fauna Silvestre da (SVMA), Vilma Geraldi, "Do total de animais apontados no estudo, apenas 73 espécies são nativas da região. As demais ou foram trazidas para a cidade por um criador ou visitam São Paulo em suas rotas migratórias – isso ocorre principalmente com as aves".

O texto fornece também uma série de informações sobre a rica fauna existente na cidade de São Paulo: a identificação e a classificação dos animais; a distinção entre animais nativos da região e os que foram trazidos de fora; as rotas migratórias deles, o local onde vivem. Em seguida, agrupa as diferentes espécies de animais e tece um breve comentário sobre seus hábitos: "Esses animais estão divididos em 5 classes de vertebrados: aves, mamíferos, anfíbios, répteis e peixes. Outros bichos, como insetos, moluscos, aracnídeos, animais domésticos e os que vivem no zoológico, não integram a lista".

Como o texto não se dirige a especialistas, apresenta um vocabulário técnico, mas de fácil compreensão para um público leigo, e uma estrutura morfossintática simples.

Vejamos alguns recursos linguísticos do texto:
- **substantivos (vocabulário técnico/científico):**
    — termos genéricos que se referem à fauna: *vertebrados, aves, mamíferos, anfíbios, répteis, peixes, insetos, moluscos, aracnídeos, bandos de pardais, pombas* e *maritacas*;
    — espécies de animais distribuídos em grupos: aves - *falcão-peregrino, gavião-relógio, águia-pescadora* e *papo-branco*; répteis - *cágados, camaleões, iguanas, lagartos teiús, lagartixas, dormideira, cascavel, jararaca, cobra-cipó*; peixes - *carpas, surubins, bagres-africanos, guarus, tilápias, sarapós, curimbatás, lebistes* e *acarás*; mamíferos - *onças-pardas, veados-catingueiros, preguiças, lontras, bugios, macacos-prego* e *capivaras*; anfíbios - *sapinho-arborícola-de-polegar-curto, perereca-de-banheiro, rãzinha-piadeira, sapo-cururu , perereca-verde* e *perereca-trepadora-punctada*.

- **adjetivos**: pela própria finalidade do texto, observam-se poucas ocorrências de adjetivos, tanto valorativos quanto especificativos: *rica* fauna *silvestre*; rotas *migratórias*; áreas *verdes*; caos *urbano*; aves *raras*; *grandes* rios *poluídos*; mamíferos *silvestres*; 40 espécies de anfíbios são *endêmicas*; rotas *migratórias*; espécies *ameaçadas* de extinção; aves *raras*.
- **verbos**: como, no texto de divulgação científica, a veiculação do conhecimento é o que mais importa, os verbos utilizados, ao longo da enumeração das espécies de animais existentes na cidade de São Paulo, estão na 3ª pessoa do presente do indicativo: *tem, é, integram, está, estão, são chegados, vivem, podem, corre, existem, abriga, há*. Apareceram duas ocorrências de verbo na voz passiva *foram identificados* e *foram trazidas* para se referir a resultados de pesquisas realizadas.

Apesar de, em texto de divulgação científica, a linguagem ser clara, objetiva, impessoal, no padrão culto formal, neste aparecem as expressões coloquiais "É bicho pra cachorro!", "dá as caras", que estão mais ligadas ao espírito da revista do que propriamente ao gênero ou ao modo de organização.

Além desses aspectos abordados, o texto se estrutura num tom bastante didático, dividido em subpartes, para que o leitor perceba as diferentes espécies de animais, muitas até desconhecidas das pessoas que vivem em grandes cidades, como mecanismo de vulgarização de dados científicos.

### 3.4.4 Argumentativo

A ARGUMENTAÇÃO tem a função de convencer, influenciar, persuadir o interlocutor. O texto argumentativo tem como objetivo comunicativo apresentar uma tese sobre determinado assunto e justificá-la com base em argumentos, exemplos, narração de fatos e, finalmente, retomar a tese para concluir.

Como recursos linguísticos, encontram-se, em textos argumentativos, estruturas subordinadas de causa/consequência, contradição, condição; verbos no subjuntivo; vocabulário abstrato. O autor pode utilizar expressões como *eu penso, eu acho, para mim, a meu ver*, e verbos na primeira pessoa como acontece no artigo de opinião "Um povo heroico", de Lya Luft, e nas cartas de leitor apresentadas em 3.3. Pode também dar um tratamento impessoal ao texto, sem se colocar diretamente nele, como ocorre na reportagem "Migrantes do tempo", de Cláudio Mota.

## Sugestão de atividades

**A.** O professor pode solicitar aos alunos que levem para a aula cartas de leitor publicadas recentemente. Em grupos, eles identificariam a tese e os argumentos utilizados pelos autores.

**B.** Os alunos poderiam elaborar também outro ponto de vista, fundamentado em argumentos, sobre o mesmo assunto das cartas lidas.

### 3.4.5 Instrucional ou injuntivo

O texto INSTRUCIONAL ou INJUNTIVO faz parte do nosso cotidiano. É um modo de organização que ensina ao leitor como realizar uma tarefa: usar um aparelho, jogar, cozinhar, tomar remédio, consertar um objeto, orientar o trânsito etc. Esse modo de organização está presente em textos dos seguintes gêneros: receita, manual de instrução, bula de remédio, regras de jogo, roteiro de experiências etc.

Geralmente, os textos instrucionais se organizam em duas partes: na primeira, apresentam-se os elementos que compõem o aparelho, o material ou os ingredientes a serem utilizados e, na segunda, fornecem-se as instruções a serem seguidas.

A linguagem é objetiva, direta e didática. Os verbos designadores de ações concretas vêm no imperativo ou no infinitivo para indicar os passos a serem seguidos obedecendo a uma determinada ordem.

Como exemplo, apresentamos algumas instruções retiradas do Manual do usuário do iPhone.

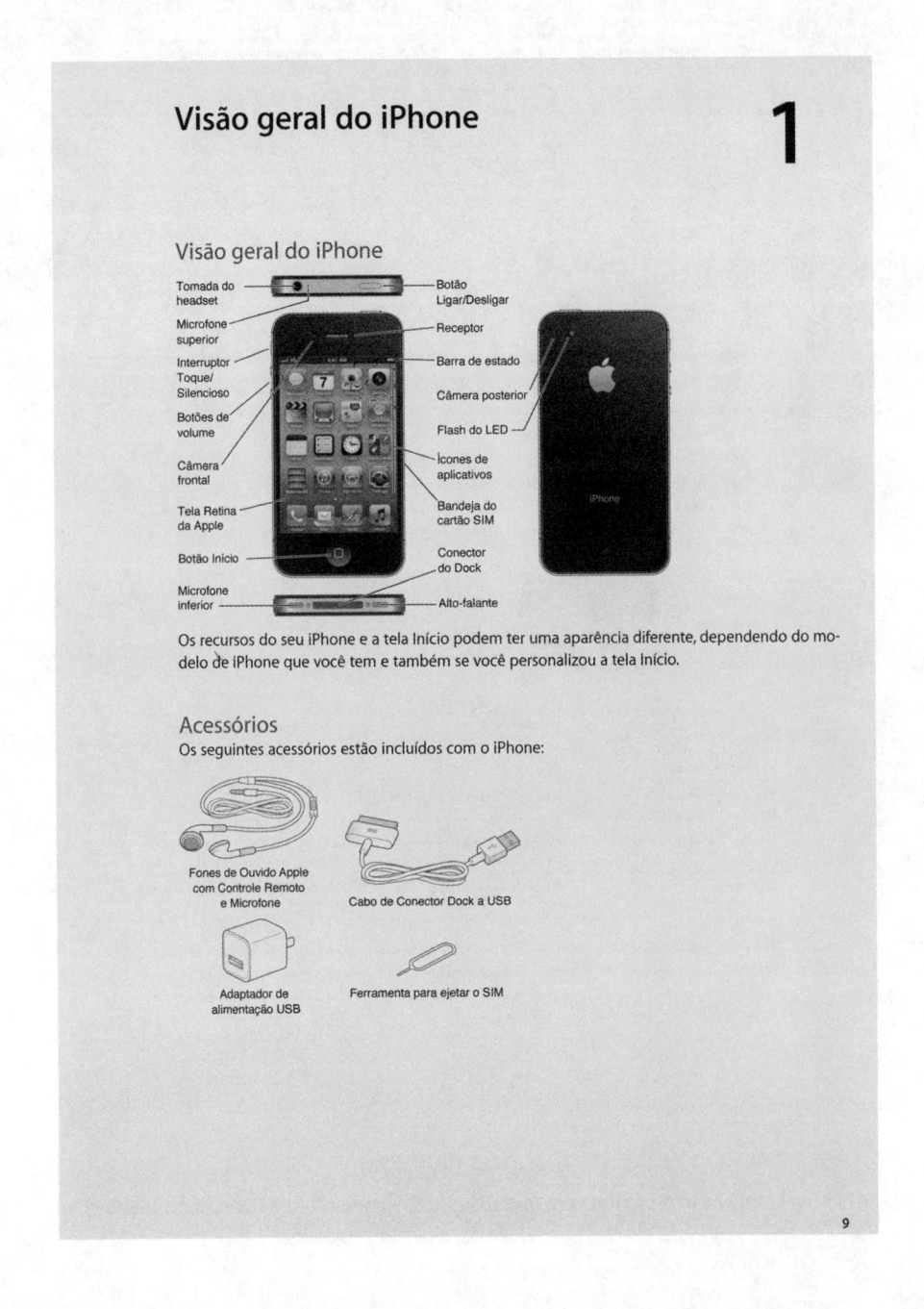

### Visão geral do iPhone

**1**

#### Visão geral do iPhone

- Tomada do headset
- Microfone superior
- Interruptor Toque/Silencioso
- Botões de volume
- Câmera frontal
- Tela Retina da Apple
- Botão Início
- Microfone inferior
- Botão Ligar/Desligar
- Receptor
- Barra de estado
- Câmera posterior
- Flash do LED
- Ícones de aplicativos
- Bandeja do cartão SIM
- Conector do Dock
- Alto-falante

Os recursos do seu iPhone e a tela Início podem ter uma aparência diferente, dependendo do modelo de iPhone que você tem e também se você personalizou a tela Início.

#### Acessórios

Os seguintes acessórios estão incluídos com o iPhone:

- Fones de Ouvido Apple com Controle Remoto e Microfone
- Cabo de Conector Dock a USB
- Adaptador de alimentação USB
- Ferramenta para ejetar o SIM

| Item | O que você pode fazer com ele |
|---|---|
| Fones de Ouvido Apple com Controle Remoto e Microfone | Escutar músicas e vídeos e fazer ligações telefônicas. Consulte "Fones de Ouvido Apple com Controle Remoto e Microfone" na página 34. |
| Cabo de Conector Dock a USB | Use esse cabo para conectar o iPhone ao computador para sincronizar e carregar. O cabo pode ser usado com o dock opcional ou conectado diretamente ao iPhone. |
| Adaptador de alimentação USB | Conecte o adaptador de alimentação ao iPhone usando o cabo incluído e depois conecte-o a uma tomada padrão para carregar o iPhone. |
| A ferramenta de ejeção SIM (não incluída em todas as regiões) | Ejetar a bandeja do cartão SIM. |

## Botões

### Botão Ativar/Desativar

Quando não estiver usando o iPhone, você pode bloqueá-lo para desativar a tela e economizar bateria.

**Para bloquear o iPhone:** Pressione o botão Ativar/Desativar.

Quando o iPhone está bloqueado, nada acontece quando você toca a tela. O iPhone pode receber ligações, mensagens de texto e outras atualizações. Você também pode:

- Ouvir música
- Ajustar o volume usando os botões na lateral do iPhone (ou nos fones de ouvido do iPhone) enquanto estiver em uma ligação telefônica ou ouvindo música
- Usar o botão central dos fones de ouvido do iPhone para atender ou finalizar uma ligação ou para controlar a reprodução de áudio (consulte "Como reproduzir músicas e outros tipos de áudio" na página 80)

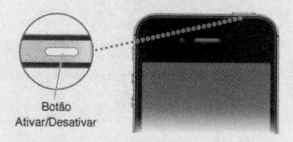

| | |
|---|---|
| Desbloquear o iPhone | Pressione o botão Início ☐ ou o botão Ativar/Desativar e arraste o controle. |
| Abrir a Câmera quando o iPhone estiver bloqueado | Pressione o botão Início ☐ ou o botão Ativar/Desativar e depois arraste ◉ para cima. |
| Acessar os controles de áudio quando o iPhone estiver bloqueado | Pressione duas vezes o botão Início ☐. |
| Desligar o iPhone | Mantenha pressionado o botão Ativar/Desativar por alguns segundos até que o controle vermelho apareça e, em seguida, arraste o controle. |
| Ligar o iPhone | Pressione e mantenha pressionado o botão Ativar/Desativar até que apareça o logotipo da Apple. |

Por padrão, o iPhone é bloqueado se você não tocar na tela por um minuto. Para desativar o bloqueio automático ou alterar o tempo de inatividade antes que iPhone seja bloqueado, consulte "Bloqueio Automático" na página 176. Se você deseja usar uma senha para desbloquear o iPhone, consulte "Bloqueio por Código" na página 176.

Disponível em: <http://pt.scribd.com/doc/79229028/iPhone-Manual-Do-Usuario#outer_page_9>. Acesso em: 01 fev. 2012

No trabalho em sala de aula, com esse modo de organização textual, é necessário que o professor chame a atenção dos alunos para a sua estruturação. Na primeira parte, são apresentados os componentes do iPhone e seus acessórios: *conector, microfone, interruptor, botões de volume, câmara frontal, fone de ouvido, microfone, vídeo etc*; na segunda, as instruções para o uso: *fone de ouvido Apple com controle remoto e microfone para escutar música e vídeo e fazer ligações telefônicas* etc. Finalmente, a sequência de instruções para o uso do botão de ativar e desativar o aparelho: *para bloquear o iPhone pressione o botão ativar/desativar* etc.

Em seguida, o professor pode levar os alunos a examinar os recursos linguísticos empregados na organização do texto. A seguir, listamos alguns.

- Substantivos concretos do campo semântico "aparelho celular": *conector, microfone, interruptor, botão, câmera, tela, bandeja, ícone, fone, cabo, adaptador, volume, fone* etc.
- Verbos relativos à execução de uma ação concreta no infinitivo - *escutar, fazer ligação, ejetar* – ou no imperativo – *use, conecte, pressione, mantenha* etc.
- Advérbios e conjunções indicadores de tempo para marcar os passos para a utilização do aparelho: *depois, quando, enquanto* etc.
- Orações que indicam finalidade dos procedimentos: *desbloquear o iPhone, ligar o iPhone, desligar o iPhone*.
- Uso de formas verbais flexionadas no modo imperativo, arroladas acima, e do pronome de tratamento *você* para indicar o público-alvo.

## 3.4.6 Dialogal

A sequência DIALOGAL caracteriza-se pela interação entre dois ou mais interlocutores que falam sobre determinado assunto, com um objetivo definido, em um contexto de produção específico. Esse modo de organização acontece na conversa presencial ou por telefone entre pessoas, em entrevista, debates, mesas-redondas. Em texto literário narrativo, para introduzir a fala de personagens; e no teatral, cuja sequência é toda dialogal.

Em uma entrevista ou em uma conversa, o início e o fechamento são mais ou menos padronizados. O início é marcado por saudação cujo grau de formalidade depende da relação entre os interlocutores e do objetivo comunicativo.

Durante a interação, os interlocutores se alternam como falante e ouvinte. As sequências dialogais apresentam características linguísticas próprias: pausas, interrupções, digressões, correções, marcadores conversacionais.

Uma conversa em uma reunião familiar é diferente de uma entrevista para a obtenção de um emprego, em função do papel social assumido pelos falantes em cada situação. No bate-papo, o diálogo é informal e espontâneo; já na entrevista, o diálogo é formal.

Para exemplificar, transcrevemos o diálogo entre Capitu e Bentinho, na obra *Dom Casmurro*, de Machado de Assis.

### CAPÍTULO XLIV
### O PRIMEIRO FILHO

— Dê cá, deixe escrever uma cousa.

Capitu olhou para mim, mas de um modo que me fez lembrar a definição de José Dias, oblíquo e dissimulado; levantou o olhar, sem levantar os olhos. A voz, um tanto sumida, perguntou-me:

— Diga-me uma cousa, mas fale a verdade, não quero disfarce; há de responder com o coração na mão.

— Que é? Diga.

— Se você tivesse de escolher entre mim e sua mãe, a quem é que escolhia?

— Eu?

Fez-me sinal que sim.

— Pois sim, mas eu pergunto. Suponha você que está no seminário e recebe a notícia de que eu vou morrer...
— Não diga isso!
—... Ou que me mato de saudades, se você não vier logo, e sua mãe não quiser que você venha, diga-me, você vem?
— Venho.
— Contra a ordem de sua mãe?
— Contra a ordem de mamãe.
— Você deixa seminário, deixa sua mãe, deixa tudo, para me ver morrer?
— Não fale em morrer, Capitu!
Capitu teve um risinho descorado e incrédulo, e com a taquara escreveu uma palavra no chão, inclinei-me e li: mentiroso.

FONTE: ASSIS, Machado de. *Dom Casmurro*. Fixação de texto e notas Manoel Mourivaldo Santiago Almeida; prefácio John Gledson. São Paulo: Globo, 2008, p. 120-121.

Esse diálogo se constrói de forma sequencial: a fala de cada um dos personagens, em discurso direto, tem ligação com a anterior mantendo a coerência da conversa. Alguns recursos linguísticos merecem ser levantados.

- Substantivos abstratos ligados à relação amorosa dos dois personagens: olhar, verdade, disfarce, saudades, ordem.
- Adjetivação para a caracterização do personagem Capitu: [olhar] *oblíquo* e *dissimulado*, risinho *descorado* e *incrédulo*.
- Marcas linguísticas que indicam o locutor (pronomes e verbos na primeira pessoa: *mim, me, eu; quero, pergunto, vou, mato, venho*) ou interlocutor do texto (pronomes e verbos na terceira pessoa: *você, sua; olhou, levantou* o olhar, *perguntou, diga, fale, tivesse* de escolher, *escolhia, fez, suponha, está, recebe, vier, venha, vem, deixa, fale*).

- Verbos
    - — no imperativo, em discurso direto: *dê, diga, fale, suponha*;
    - — no pretérito perfeito do indicativo, para narrar ações passadas, concluídas (aspecto concluso): *olhou, fez, levantou, perguntou, escreveu, inclinei*;
    - — no imperfeito do subjuntivo, para indicar probabilidade, hipótese: *tivesse*;
    - — no futuro do subjuntivo, para marcar a eventualidade no futuro: se você não *vier*, sua mãe não *quiser*;
- Presença de marcadores de progressão conversacional: *Dê cá, Diga-me uma cousa, Que é? Não diga isso, diga-me, você vem? Não fale em morrer, Capitu!*
- Destaque para o emprego do conector *mas* que estabelece uma ideia de contraste: Capitu olhou para mim, *mas* de um modo que me fez lembrar a definição de José Dias; Diga-me uma cousa, *mas* fale a verdade; Pois sim, *mas* eu pergunto.

## 3.5 Construção da significação: vocabulário e aspectos semânticos

Rodolfo Ilari (2002: 11) afirma que um dos motivos que levaram o ensino da língua materna ao empobrecimento é a pouca atenção que se vem reservando ao estudo da significação e que

> o tempo dedicado a esse tema é insignificante, comparado àquele que se gasta com "problemas" como a ortografia, a acentuação, a assimilação de regras gramaticais de concordância e regência, e tantas outras, que deveriam dar aos alunos um verniz de "usuário" culto da língua. Esse descompasso é problemático quando se pensa na importância que as questões da significação têm, desde sempre, para a vida de todos os dias, e no peso que lhe atribuem hoje, com razão, em alguns instrumentos de avaliação importantes, tais como o Exame Nacional do Ensino Médio, os vestibulares que exigem interpretação de textos e o Exame Nacional de Cursos.

Assim, deve haver um espaço nas aulas de Língua Portuguesa reservado ao trabalho com questões da construção do sentido num texto e ao enriquecimento do vocabulário ativo do aluno. Isso demanda convergir as práticas para uma nova dinâmica docente em que o aluno possa dirigir outro olhar para as formas linguísticas.

Nesta parte, abordaremos alguns aspectos linguístico-discursivos que contribuem para o enriquecimento do vocabulário e a construção da significação num texto.

### 3.5.1 Polissemia

Uma palavra ou expressão pode ter vários sentidos dependendo do contexto em que está inserida, conforme exemplificamos a seguir:

Não era o único caminho correto a seguir. (modo de fazer algo)
Eu caminho todos os dias na praia. (percorrer a pé)
O caminho até a escola é muito longo. (trajeto)
Quanto caminho temos de andar até aqui! (distância)
A população abriu caminho para a procissão. (passagem com esforço)

Logo, para o emprego adequado de uma palavra ou expressão, é necessário conhecer seu significado e a situação de comunicação em que está inserida. Observemos os múltiplos significados, ou seja, a polissemia do verbo *fazer*, muito usado na linguagem coloquial:

O Estado *fez* um belo estádio para a Copa de 2014. (construiu)
Ele *fez* um móvel para o anexo do teatro. (fabricou)
A costureira *fez* todos os vestidos da nova coleção. (confeccionou)
Os bailarinos resolveram *fazer* de novo o Quebra Nozes. (apresentar)

O que é que eles andam *fazendo* contra a população? (tramando)

Esta máquina *faz* muito barulho. (provoca)

## 3.5.2 Vocábulo e palavra

Apesar de, na linguagem corrente, PALAVRA e VOCÁBULO serem empregados um pelo outro, como fazemos neste livro, há alguns teóricos que apresentam uma distinção entre esses termos.

Para Celso Cunha (2010: 47),

> a **palavra** é constituída de elementos materiais (vogais, consoantes, semivogais, sílabas, acento tônico) a que se dá um sentido e que se presta a uma classificação.
>
> Diremos, por exemplo, que a palavra *boi*, designativa de "um quadrúpede ruminante que serve para os trabalhos de carga e para alimentação", é um substantivo comum, concreto, primitivo, simples, masculino, singular, monossílabo, tônico, formado da consoante /b/ seguida do ditongo decrescente [oy].
>
> O **vocábulo** é a palavra considerada somente em relação aos elementos materiais que a constituem. Diremos, pois, que o vocábulo *boi* é um monossílabo, tônico, formado da consoante /b/, seguida do ditongo decrescente [oy].

Normalmente, dividem-se as palavras de uma língua em lexicais e gramaticais. Estas possuem uma significação interna, linguística, e são em número restrito, constituindo um inventário fechado; aquelas têm significação externa, pois se referem a fatos do mundo extralinguístico e são em número indefinido, com a possibilidade de novos acréscimos, constituindo um inventário aberto. São lexicais as seguintes classes de palavras: substantivos, adjetivos, verbos, advérbios de modo; e, gramaticais: artigos, pronomes, numerais, preposições, conjunções e demais advérbios.

Considerando o valor semântico das classes de palavras, pode-se dizer que

O SUBSTANTIVO designa ou nomeia os seres animados ou inanimados, reais ou imaginários, e os objetos.

O ADJETIVO caracteriza os seres ou os objetos (pessoa *triste*, casa *abandonada*), ou estabelece uma relação (casa *paterna*).

O VERBO exprime um acontecimento representado no tempo (*chegou, trabalha, chegará*) ou expressa um estado (*é, esteve, pareceu*).

O ARTIGO serve para indicar que o ser a que se refere já é conhecido do leitor ou ouvinte, ou que se trata de um simples representante de uma espécie (o(s), a(s); um(a,s)).

O PRONOME serve para determinar as pessoas do discurso (*pessoal, possessivo, demonstrativo, indefinido, interrogativo*).

O NUMERAL serve para indicar quantidade, ordenação ou proporção (*um, dois; primeiro, segundo; dobro, metade*).

O ADVÉRBIO exprime a circunstância em que se desenvolve o processo verbal (*Amanhã* ele chegará) ou intensifica uma qualidade do adjetivo (*muito* feliz).

A PREPOSIÇÃO relaciona dois termos de uma oração, de tal modo que o sentido do primeiro (antecedente) é explicado ou completado pelo segundo (consequente) (Cunha, 2010: 321). Pode estabelecer, assim, uma significação de movimento (Vou *a* Parati nas férias. / Daqui *a* uma semana, viajarei. / As coisas vão de mal *a* pior.); ou de situação (A diretoria cumpriu tudo *à* risca. / *Ao* entardecer chegaremos ao destino. / Não devemos gastar dinheiro *à* toa).

A CONJUNÇÃO expressa relações lógicas de adição (*e, nem*), contraste (*mas, porém*), conclusão (*logo, pois*), explicação (*porque*), causa (*como, porque*), condição (*se, caso*) etc.

## Sugestão de atividades

**A.** Sugerimos que o professor solicite aos alunos o levantamento dos substantivos e adjetivos do conto "Penélope", de Dalton Trevisan, e o comentário sobre a força expressiva da adjetivação na descrição dos personagens e do espaço.

**B.** No texto "O primeiro filho", de Machado de Assis (p. 80-81), os pronomes em função dêitica marcam os turnos conversacionais e são responsáveis pela coesão textual. O professor poderá propor, então, que os alunos identifiquem os pronomes em função dêitica.

### 3.5.3 Significação das palavras lexicais

A relação de significação entre as palavras lexicais pode ser de *sinonímia, antonímia, homonímia, paronímia, hiperonímia* e *hiponímia*.

Sinônimas, quando apresentam uma semelhança de sentido: *achar* e *encontrar*; *longo* e *comprido*.

Antônimas, quando têm significação contrária: *amor* e *ódio*; *quente* e *frio*.

Homônimas, quando se escrevem ou se pronunciam de modo idêntico, mas diferem pelo sentido: *são* (santo) e *são* (verbo); *gelo* (substantivo) e *gelo* (verbo); *vez* (substantivo) e *vês* (verbo)

Parônimas, quando se assemelham na forma, sem qualquer parentesco significativo: *emergir* e *imergir*; *despercebida* e *desapercebida*; *descrição* e *discrição*.

Hiperônimas e hipônimas, quando existe uma relação de hierarquia semântica entre as palavras, partindo do genérico para o específico: *laticínio* (hiperônimo) e *manteiga, requeijão, queijo, iogurte, coalhada* (hipônimos). O hiperônimo impõe suas propriedades ao hipônimo, criando, assim, entre ambos uma dependência semântica. Um hiperônimo pode substituir qualquer um de seus hipônimos, mas o contrário não é possível.

## Sugestão de atividades

Propomos a seguir algumas atividades sobre o assunto, com base no texto "Migrantes do tempo", de Cláudio Mota, apresentado no item 3.3. Para a realização destes exercícios e outros semelhantes, o professor aconselhará o aluno a consultar, por exemplo, o *Dicionário Aulete de Bolso da Língua Portuguesa* (2011), ou qualquer outro bom dicionário disponível.

**A.** Copie a frase, substituindo as palavras sublinhadas por outra sem alterar o sentido da frase:

**a.** "Brasil é visto como o principal destino de latino-americanos afetados pelo aquecimento global."
**b.** "As mudanças climáticas, a ciência dá como certo, vão agravar as catástrofes naturais."
**c.** "Secas ficarão mais severas, chuvas, mais fortes e a água, escassa."
**d.** "Sem ter como permanecer em seus países, haverá um afluxo de pessoas buscando refúgio em outras nações."
**e.** "Elas chegarão em situação extremamente vulnerável, muitas vezes sem condições de arcar com despesas básicas."

**B.** Copie a frase, substituindo as palavras sublinhadas por outra com sentido contrário:

**a.** "A política brasileira de imigração é branda, sobretudo quando comparada com a de outras nações."
**b.** "algumas vilas andinas do Peru enfrentam dificuldades de obter água."
**c.** "A enorme fronteira é uma barreira fácil de ser transpassada."
**d.** "Na hora de escolher um novo lugar para recomeçar a vida, o Brasil é visto como o melhor destino."

**e.** "Este será um dos primeiros problemas ambientais a provocar migrações em larga escala."

**C.** Observe, nas frases a seguir, o emprego de palavras homônimas e indique a diferença de sentido entre elas:

**a.** Há cerca de alguns anos não se fala acerca de questões ambientais.
**b.** Os imigrantes estão sempre mal, porque precisam dos coiotes, que são maus, para introduzi-los nos países.
**c.** Por que a questão do meio ambiente tanto preocupa? Porque a humanidade sabe que os recursos naturais têm limite.
**d.** O censo sobre o meio ambiente demonstra que a sobrevivência do planeta exige que o homem desenvolva o senso de responsabilidade.
**e.** Caçar passarinhos hoje é um crime, mas não se pode cassar o direito de sonhar com passarinhos cantando numa gaiola dourada.

**D.** Na frase "O país não atravessa crise econômica e, além da capacidade de absorver a mão de obra, não impõe restrições severas aos estrangeiros, mesmo que ilegais.", a palavra destacada tem um parônimo, "absolver". Copie as frases, escolhendo a palavra adequada entre as opções apresentadas entre parênteses:

**a.** O imigrante ilegal foi (absolvido ou absorvido) pelo juiz.
**b.** O país (retificou ou ratificou) sua posição quanto ao aquecimento global, mantendo sua proposta.
**c.** O advogado impetrou um (mandado ou mandato) de prisão contra os que se aproveitavam dos imigrantes ilegais.
**d.** O governo fez (cessão, sessão, seção) de uma área para acolher os imigrantes refugiados.
**e.** Nem todas as pessoas que (imigram ou emigram) de países inóspitos (imigram ou emigram) para países hospitaleiros.

**E.** Normalmente, o adjetivo pode vir anteposto ou posposto ao substantivo sem acarretar alteração semântica, como nos exemplos: "o *principal* destino" ou "o destino *principal*"; "a *enorme* fronteira" ou "a fronteira *enorme*". Entretanto, certos adjetivos mudam de sentido quando colocados antes ou depois dos substantivos: um *grande* homem - um homem *grande*; uma *pobre* mulher - uma mulher *pobre*.

Explique o sentido do adjetivo "novo" nas frases:

Está na hora de escolher um <u>novo</u> lugar para recomeçar a vida.

Está na hora de escolher um lugar <u>novo</u> para recomeçar a vida.

**F.** Indique o vocábulo de significado mais geral de cada conjunto abaixo (hiperônimo):

   **a.** beija-flor, pardal, pássaro, sabiá-laranjeira, sanhaço.
   **b.** ave, cisne, marreco, perdiz, pato.
   **c.** salada, alface, tomate, agrião, rúcula.
   **d.** avião, navio, ônibus, transporte, trem.
   **e.** conto, romance, literatura, poema, crônica.

**G.** Cite três vocábulos (hipônimos) que pertençam aos seguintes hiperônimos:

   **a.** doença.
   **b.** casa.
   **c.** mobiliário.
   **d.** vestuário.
   **e.** cereal.

## 3.5.4 Funções dêitica, anafórica e catafórica

A interpretação de qualquer mensagem depende também da compreensão das funções DÊITICA, ANAFÓRICA e CATAFÓRICA de palavras.

Chamam-se DÊITICAS as palavras ou expressões empregadas para situar pessoas ou coisas no espaço ou no tempo. É o caso dos pronomes pessoais que indicam as pessoas do discurso, quem fala (*eu*), e com quem se fala (*tu/você*); dos pronomes demonstrativos que situam a pessoa ou a coisa designada, relativamente às pessoas gramaticais (*este, esse, aquele, isto, isso, aquilo*) e dos advérbios de lugar (*aqui, lá, agora, hoje, amanhã*).

Chama-se função ANAFÓRICA o emprego de palavras ou expressões utilizadas para lembrar ao leitor o que já foi dito no texto, e CATAFÓRICA a utilização de palavras ou expressões referentes ao que será mencionado, quais sejam: pronome pessoal de terceira pessoa, pronomes demonstrativos, pronomes relativos, substantivo que retoma outro já empregado. Essas funções são responsáveis pela coesão textual.

## Sugestão de atividades

**A.** Retire do texto "Uma história simples", de Geraldo Holanda Cavalcanti (p. 65-66) palavras e expressões empregadas com função dêitica.

**B.** No texto Penélope, de Dalton Trevisan, os termos *mulher* e *marido* introduzem, pela primeira vez, cada um dos personagens. Assinale as outras palavras que fazem referência a cada um deles.

**C.** Nas frases a seguir, retiradas do texto "Um povo heroico", de Lya Luft, as expressões e termos sublinhados estão empregados em função anafórica. Indique o termo a que se refere cada um:

a. "Transcrevo aqui parte de um e-mail que me envia de Tóquio minha amiga Chieko Aoki."

**b.** "As palavras <u>que</u> mais se pronunciam aqui são: gambaru, kansha, tasukeai."
**c.** "deixo aqui a minha homenagem a todo esse povo, <u>do qual</u> infelizmente pouco sei."
**d.** "Mas a valentia de <u>seu</u> povo o torna um continente imenso."
**e.** "<u>Tudo</u> ao contrário do que se veria habitualmente em outras partes do mundo."

## 4. O ATO DE FALAR

Falar é a atividade mais frequente na interação humana. Apesar de ser pela escrita que os povos se perpetuam e preservam sua memória histórico-político-cultural, as relações sociais e as interações básicas se constroem com a oralidade que é aprendida no contato com outras pessoas. Inicialmente, na convivência com os familiares, depois com vizinhos, amigos, colegas de escola e, mais tarde, colegas de trabalho. Mesmo que o uso adequado da linguagem oral não seja aprendido apenas na escola, cabe a ela criar condições para que o aluno amplie essa capacidade.

A linguagem oral espontânea, empregada em uma conversa ou em uma discussão, em ambiente familiar, escolar ou de trabalho revela a cultura, a formação, a educação do falante. Por outro lado, uma mesma pessoa é capaz de utilizar diferentes registros em função do contexto, do objetivo comunicativo e dos papéis assumidos pelos interlocutores: quando se conversa com um grupo de amigos ou se participa de uma reunião de pais e professores na escola; quando se fala com uma criança ou com um idoso; quando se enumeram as compras realizadas no supermercado ou quando se defende um ponto de vista.

Logo, as inúmeras situações em que uma pessoa precisa se expressar oralmente vão exigir diferentes graus de formalidade: a comunicação entre amigos ou colegas de escola é diferente da comunicação entre aluno e professor; aluno e diretora; filho e pais. No dia a dia, as pessoas estão trocando ideias, defendendo pontos de vista, narrando acontecimentos, exercendo sua oralidade com diferentes graus de formalismo.

O domínio da oralidade envolve também ouvir e ler. Ao tentarmos entender uma notícia transmitida pelo rádio ou televisão, estamos aprimorando nossa audição e compreendendo o que foi dito oralmente. Ao lermos um texto em voz alta, estamos exercitando a oralidade por meio da leitura, que é um exercício de desinibição e estímulo à desenvoltura verbal.

Todo ato de fala envolve pelo menos dois interlocutores que desempenham diferentes papéis sociocomunicativos e é motivado por variadas circunstâncias socioculturais.

Na fala cotidiana, espontânea, a linguagem é coloquial, sem preocupação com o padrão formal; além disso, há pausas, hesitações, correções, digressões, entoação, altura da voz, expressão facial e gestual. Na conversa informal entre amigos e colegas, é frequente várias pessoas falarem ao mesmo tempo, interromperem a fala uns dos outros. Já em exposição oral, palestra, entrevista, debate, mesa-redonda, júri simulado, a fala dos participantes é regulada de forma que cada um tenha o seu direito de falar respeitado e que os turnos se alternem.

A entoação é responsável pela distinção entre frase declarativa, interrogativa, exclamativa e pode refletir o estado psicológico dos interlocutores: alegria, tristeza, ansiedade etc.

No ato da comunicação, é necessário considerar o assunto, a maneira de abordá-lo, a interação entre os interlocutores e o contexto de produção.

O exercício da fala no ensino médio deve ser também uma forma de iniciar uma preparação do aluno para ter bom desempenho em seu futuro profissional. A escola deve promover atividades que atendam a essa particularidade, porque a fala pública é o cartão de visita do profissional.

> Obviamente, um trabalho consistente com a oralidade em sala de aula não diz respeito a ensinar o aluno a falar, nem simplesmente propor apenas que o aluno "converse com o colega" a respeito de um assunto qualquer. Trata-se de identificar, refletir e utilizar a imensa riqueza e variedade de usos da língua na modalidade oral. (Cavalcante; Melo, 2009).

Cabe, pois, ao professor organizar atividades orais em sala de aula de forma que todos os alunos possam exercer seu direito de falar e que os demais aprendam a ouvir com atenção o que dizem os colegas. Além disso, deve-se estimular a participação dos mais inibidos e dos que têm maior dificuldade de expressão.

## Sugestão de atividades

O professor pode promover atividades para que o aluno desenvolva a capacidade de falar em público e se ambiente na tarefa de expressar oralmente como, por exemplo, uma reflexão sobre diferentes assuntos. Apresentamos, a seguir, duas sugestões.

**A.** A pintura é a atividade artística que consiste na representação visual através de cores e luzes em um plano bidimensional. Ao vermos uma tela, a partir da observação das imagens, das formas, das cores, procuramos entender o significado da obra e perceber o que o artista quis transmitir. Vejamos isso na tela "Café", de Cândido Portinari, premiada na Exposição Internacional de Pittsburg, nos Estados Unidos, em 1935. Com essa obra, Portinari projetou-se internacionalmente.

Café
FONTE: BETO, Antonio. *Portinari*. Apresentação de Afonso Arinos de Melo Franco; prefácio de Jayme de Barros. Rio de Janeiro: Léo Christiano, 2003, p. 73.

Observe atentamente a tela "Café", de Candido Portinari (1903-1962), importante pintor brasileiro do século XX: as figuras, o chão, as cores, o movimento. Procure relacionar o título à obra. Agora, exponha oralmente para seus colegas as impressões que essa tela provocou em você.

**B.** Faça uma pesquisa sobre as diferentes formas artísticas dos séculos XX e XXI, no Brasil. Escolha três, entre os principais representantes na literatura, na música erudita ou popular, na pintura, no teatro e no cinema, citando o nome das obras consideradas mais importantes de cada um deles. É possível relacionar algumas dessas formas artísticas à ferramenta digital? Por exemplo, a maioria dos escritores hoje não escreve seus textos nem à mão nem na máquina de escrever, mas no computador. Isso comprova que essa ferramenta se tornou um auxiliar para quem produz textos literários ou não? Apresente seu trabalho oralmente para sua turma.

## 4.1 Gêneros orais

Sabemos que a diversidade de gêneros escritos se estende igualmente aos orais. As diferentes situações de participação social a que estamos expostos no dia a dia nos favorecem perceber as características particulares dos gêneros orais e a diferenciá-los da contrapartida dos escritos.

Alguns gêneros orais podem ser elencados e propostos como atividades em sala de aula do ensino médio, como, por exemplo, entre tantos outros:

- solicitação de informação na rua;
- conversa com operador de *call center*;
- entrevista de emprego;
- compra de ingressos em bilheterias;
- pedido de alimentação por telefone ou pessoalmente em restaurantes, lanchonetes etc;

- consulta médica.

Vale lembrar que esses gêneros já são, na sua maioria, dominados pelos alunos.

## Sugestão de atividades

**A.** Aqueles que possuem um telefone fixo conhecem muito bem a estratégia de vendas com origem nos designados *'call centers'* ou 'telemarketing'. Quando o telefone toca em qualquer casa e uma voz pergunta: *Com quem estou falando?* ou: *Posso falar alguns minutinhos com o/a senhor/a?*, com toda a certeza, já identificamos do que se trata.

A proposta desta atividade é promover um exercício de vendas por telefone. Cada aluno escolhe um produto e elabora uma estratégia de venda. É bom pensar num roteiro do que tem a falar do produto, incluindo as qualidades, o preço, a relação custo-benefício etc. Após a atividade, veremos quais produtos tiveram maior repercussão.

**B.** Existem notícias que, pelo impacto que provocam, perduram por vários dias e estimulam diferentes debates públicos. No Brasil, as questões ambientais, por exemplo, têm sido veiculadas em diversos periódicos e provocado polêmicas.

Que tal elaborarmos uma reportagem sobre um assunto ligado ao meio ambiente e apresentarmos para a turma? Neste trabalho, deve-se pesquisar sobre o assunto e ouvir diferentes opiniões e as repercussões sobre o tema. A reportagem será apresentada em formato de jornal oral.

**Sugestão de temas:**
A coleta seletiva de lixo.
A destinação do lixo eletrônico.
A poluição sonora nas grandes cidades.
O avanço da fronteira agrícola sobre a Floresta Amazônica e o Cerrado.
A poluição de rios, lagos e oceanos.
A preservação de nascentes d'água.
A preservação da vegetação das margens dos rios.
O desperdício de água potável.
O uso de produtos reciclados.

**C.** É comum as pessoas dizerem que não podem fazer coisa alguma em benefício do nosso Planeta, que a preservação ambiental é tarefa de governantes e especialistas.

Sugerimos um debate em sala de aula sobre o seguinte tema: "Como eu, um cidadão jovem, posso contribuir para a preservação ambiental?". Cada aluno deve apresentar uma proposta ao seu alcance e criar uma campanha publicitária de conscientização entre seus colegas e divulgá-la na escola. Em seguida, cada aluno escolherá uma das propostas para pôr em prática. Alguns dias depois, o professor poderá retomar o assunto e solicitar que cada aluno relate o que fez em benefício do planeta.

## 4.2 A fala espontânea e a fala elaborada

No dia a dia, o aluno deve ser estimulado a participar das aulas e expor seus pontos de vista acerca dos diferentes conteúdos estudados. Essa participação nas aulas está no âmbito da fala espontânea, que se constitui a base da interação humana, considerando que exercemos a fala espontânea em grande parte do dia. É, assim, responsabilidade da escola incentivar e desenvolver o falar do aluno nas suas relações mais importantes, como na família, na escola, nas rodas de amigos, nos transportes, nos espaços públicos etc.

### Sugestão de atividades

O professor deveria, sempre que possível, exercitar a fala espontânea do aluno em sala de aula, por meio de atividades como a pré-leitura, a solicitação de um relato, a descrição de uma cena, a opinião sobre um assunto.

Antes da leitura de um texto, os conhecimentos que o aluno já possui sobre o assunto devem ser ativados para que ele possa usá-los na compreensão do texto. Uma estratégia é formar grupos de alunos, em que todos falem, debatam e expressem seus conhecimentos prévios, despertando a curiosidade deles em relação ao assunto do texto a ser lido. Na pré-leitura o professor pode verificar se os alunos possuem informações suficientes para compreender o texto. Essas informações devem ser exploradas por meio de perguntas que estimulem a reflexão e a expressão oral dos alunos. Assim, o professor deve ativar na memória deles os conhecimentos de mundo, de língua (morfossintáticos e semânticos), de gênero textual e de modo de organização do discurso.

**A.** No texto a seguir, podemos verificar uma exemplificação dessa atividade, em que o professor faria, antes da leitura, algumas perguntas para contextualizar o aluno nas informações que serão fornecidas no texto. Desse modo, poderia propor as seguintes questões:

- sobre o vocabulário e aspectos semânticos

    1. O que imagina ser 'um curso de vida'?
    2. Quais as significações possíveis para essa expressão?
    3. O que essa expressão lhe faz lembrar?
    4. O que seria 'um momento-chave' na vida de alguém?
    5. O que entende por 'institucionalização'?

- sobre aspectos discursivos

    Além de atividades de vocabulário e dos aspectos ligados à construção da significação, o professor poderia pedir aos alunos que elaborassem oralmente frases com o uso de marcadores discursivos utilizados no texto como 'quando', 'se', 'mas' e 'portanto', identificando as relações que estabelecem.

- sobre conhecimento prévio

    Quais são as diversas etapas da vida e as expectativas de cada uma delas?

---

**O curso da vida**
Myriam Lins de Barros

Quando pensamos em adolescência, nascimento do primeiro filho, saída dos filhos da casa dos pais, entrada na velhice, entre outros muitos momentos da vida, associamos à ideia de crise. A crise da juventude, a crise da meia idade. O casamento é visualizado por uma linha pontuada por crises periódicas e esperadas que devem ser superadas. São marcas que, ao longo do curso da vida, a sociedade contemporânea apresenta como momentos-chave das trajetórias de vida dos indivíduos.

Mas nem sempre as passagens de um momento a outro do curso da vida, assim como os diferentes papéis sociais que assumimos na sociedade, foram entendidos da maneira que hoje os percebemos. Se nos voltamos para a Idade Média, por exemplo, vemos que o tema das idades da vida é tratado em textos, representado por imagens, e fazia parte das formas de conceber as mudanças físicas do ser humano e as diferentes funções sociais que correspondiam a estágios distintos e consecutivos da vida. Terminando, muitas vezes, com a representação da morte, as imagens deste período vão apresentar a vida como um ciclo inserido numa ordem natural e cósmica mais ampla. Sem precisar ir muito longe, encontramos, no nosso folclore brasileiro, imagens das idades da vida representadas por uma escada ascendente do nascimento à vida adulta e descendente deste momento até a morte.

Portanto, as diferentes culturas sempre construíram significados para a vida, elaboraram periodizações e desenvolveram sentidos e práticas próprios para cada etapa e cada passagem da vida. Mas é na sociedade moderna que a periodização do curso da vida é institucionalizada e pensada a partir da concepção individualista do homem. Existimos socialmente porque temos uma identidade civil definida basicamente pelo sexo e pelo dia, mês e ano de nascimento. Temos um Estado Nacional com legislações que estipulam datas para a escolarização, para o casamento, para a entrada e saída do mundo do trabalho. Mas também só existimos socialmente se percebemos que, embora estejamos inseridos na sociedade, a compreensão que temos de nós mesmos parte do valor que atribuímos ao mundo interior, à nossa subjetividade, a nossos sentimentos e emoções que definem nossa identidade psicológica e nossa singularidade. Entendemo-nos como uma biografia ímpar e avaliamos o percurso de nossas vidas baseados em concepções como a felicidade pessoal, o desenvolvimento e aprimoramento de nós mesmos.

Disponível em: <http://www.leiabrasil.org.br/pdf/diferencas.pdf.> Acesso em: 08 jan. 2012.

**B.** Nesta outra sugestão de atividade, o professor pode utilizar imagens, como a HQ de Orlandeli, e solicitar que os alunos expliquem oralmente a mensagem transmitida pelo autor.

Disponível em: <http://blogdoorlandeli.zip.net/arch2009-01-11_2009-01-17.html>. Acesso em: 26 fev. 2012.

**C.** Distribuir, na sala, vários textos jornalísticos (notícia, reportagem, artigo de opinião) e pedir aos alunos que infiram, a partir da leitura do título, o assunto de que eles tratam.

Esse tipo de atividade, além de exercitar a oralidade, é um estímulo para a leitura, leva os alunos a perceberem que o título do texto antecipa o assunto de que trata e que, em função disso, sua leitura e compreensão são essenciais.

Os gêneros orais mais utilizados na escola de ensino médio são a apresentação/exposição oral sobre tema previamente combinado, como o debate e o júri simulado, que são considerados falas elaboradas, uma vez que demandam pesquisa sobre o tema e um planejamento cuidadoso da oralidade.

São também exemplos de fala elaborada: uma aula, a atuação do advogado em um tribunal, a fala de jornalista em rádio e TV, a entrevista de emprego, o discurso de político, o anúncio publicitário.

A seguir abordaremos a apresentação/exposição oral, o debate e o júri simulado que podem ser realizados pelo professor em sua turma.

### 4.2.1 Apresentação oral

Para atender às diferentes situações em que o aluno necessita realizar uma fala pública elaborada, como a apresentação oral de um tema sugerido pelo professor ou escolhido pelo próprio aluno, ou a expressão oral do resultado de um trabalho escolar realizado pelo aluno, o professor poderá oferecer-lhe um plano da exposição. Deve-se mostrar, primeiramente, que numa apresentação oral consideram-se dois aspectos: a **forma** e o **conteúdo**.

Na **forma**, é importante levar em conta as seguintes características:

- a organização do conteúdo (o que será apresentado como introdução, desenvolvimento e conclusão);
- a dinamicidade do desenvolvimento do conteúdo;
- a clareza da expressão e da voz;
- o domínio dos materiais e equipamentos que serão utilizados (cartazes, retroprojetor, quadro de giz, *datashow*, entre outros).

No **conteúdo**, é importante que o aluno observe:

- o domínio do que vai expor e do vocabulário adequado a essa situação de comunicação, além de outros aspectos linguísticos formais de uma linguagem adequada a esse contexto: concordância, regência, ortoepia;
- a pertinência das informações a serem apresentadas;
- a qualidade da argumentação sobre o conteúdo a ser transmitido.

Depois de mostrar esses aspectos iniciais, no tocante à forma e ao conteúdo, o professor, juntamente com o aluno, deve apresentar um roteiro da exposição que considere as seguintes etapas: planejamento, execução e avaliação.

O **planejamento** de uma fala pública deve considerar os seguintes aspectos:

**1. condições de produção:**

- quem são os expositores (apenas um aluno ou um grupo de alunos);
- a quem se destina a fala e quantas pessoas serão os ouvintes;
- qual o objetivo da exposição;
- quanto tempo deve durar a fala;
- qual o tema (livre ou indicado pelo professor);
- em que espaço se dará a fala (sala de aula, auditório etc);
- quais os recursos disponíveis (retroprojetor, *datashow*, quadro, cartaz etc).

**2. conteúdo:**

- tema: precisar o assunto e apresentá-lo numa frase ou num título criativo;
- objetivo: definir o que se deseja apresentar e qual a finalidade da exposição;
- conteúdo propriamente dito: pesquisar e selecionar as informações mais importantes consoante o assunto, os objetivos e o público;
- elaborar um roteiro da apresentação com a seleção de palavras-chave;
- redigir uma introdução (apresentando o tema, os objetivos e o plano da exposição) e uma conclusão (recapitulando os pontos principais).

Na **execução**, o aluno deve ser levado a considerar os seguintes aspectos:

- um texto oral possui as mesmas partes de um texto escrito: início, desenvolvimento e fim;
- o expositor deve dominar o assunto, utilizar uma linguagem clara e adequada e conhecer os equipamentos de que vai dispor;
- o expositor deve fazer-se ouvir e compreender (falar com volume adequado, fazer pausas durante a apresentação, usar uma dicção clara, recorrer a frases curtas etc).

O professor pode, então, apresentar ao aluno as seguintes sugestões para a realização da exposição:

**3. início** (cumprimentar a audiência e apresentar-se);

**4. desenvolvimento:**

- introduzir o tema e informar o tempo de duração da fala;
- apresentar o plano da exposição (na transparência, no *power-point*, no quadro, no cartaz);
- desligar-se das notas, consultando apenas o estritamente necessário;
- manter uma atitude comunicativa: mãos abertas, postura descontraída;
- ficar atento às reações dos ouvintes e fazer a adequação necessária para manter o foco na sua fala;
- fazer-se ouvir e entender;
- explorar os suportes mediante as necessidades;
- concluir, segundo o plano, dentro do tempo previsto, considerando o desenvolvimento da exposição;
- agradecer a atenção e colocar-se à disposição para responder a perguntas.

**5. fim:**

- despedir-se antes de sair ou de se sentar no seu lugar.

No final, num momento reservado à **avaliação**, o professor deve mostrar ao aluno a importância de ele refletir sobre sua exposição, objetivando melhorar a qualidade de sua fala pública. Assim, dois aspectos devem ser considerados: a forma e o conteúdo.

Sugere-se uma apresentação oral a cada dois meses. As apresentações poderiam ser realizadas em grupos de dois ou três, desde que todos os alunos, ao fim de cada semestre, tenham feito pelo menos uma fala pública elaborada.

## Sugestão de atividades

Para desenvolver a fala elaborada do aluno, propomos as atividades a seguir.

**A.** Nas grandes cidades, o ritmo da vida tem sido tão acelerado que modifica tudo à volta das pessoas num exagero que é difícil muitas vezes de superar. Assim, temos em excesso barulho, poluição, superpopulação, pobreza, sujeira, violência. O que é preciso para mudar esse quadro? Prepare uma exposição oral, em que apresente, com dados de pesquisa, como será o futuro das grandes metrópoles e quais os possíveis caminhos a serem seguidos para que não haja excesso de problemas e sim qualidade de vida. Procure informações sobre as cidades que deram certo no seu estado, no Brasil ou em outros países.

**B.** Assistir ao documentário "Línguas – Vidas em Português", com duração de 015:10, (no Youtube: http://www.youtube.com/watch?v=PNKMsG2gRHc), em seguida solicitar uma exposição oral sobre como os alunos veem esse encontro de culturas tão distantes geograficamente umas das outras. Pesquisar as

> tradições musicais desses países que têm o português como língua oficial e apresentar oralmente, para os colegas, seu ponto de vista sobre essa diversidade cultural.

## 4.2.2 Debate

O debate constitui uma forma de discussão em grupo, regulada por um mediador. O tema é previamente combinado e o aluno se prepara para a defesa de um posicionamento. Assim, essa forma de fala elaborada trata de uma interação em que, apresentando-se argumentos, discute-se um assunto determinado para se chegar a conclusões. Para participar de um debate, com a ajuda do professor, o aluno deve ter em conta, como em qualquer apresentação oral, suas diferentes etapas: planejamento, execução e avaliação.

**1. Planejamento**

- organizar o espaço físico;
- definir o tempo de duração do debate;
- pesquisar/recolher informação sobre o tema;
- estabelecer as regras do debate;
- indicar um secretário que terá as funções de
    — registrar o resumo das diferentes opiniões dos participantes;
    — relatar oralmente as conclusões a que se foi possível chegar.

- escolher um moderador, que terá as seguintes atribuições:
    — apresentar o tema e abrir a discussão;
    — sugerir abordagem de questões que não tenham sido discutidas;
    — dar a palavra aos diferentes participantes por ordem de inscrição;
    — lembrar o tempo de duração do debate;
    — controlar o tempo de intervenção de cada participante;
    — manter uma posição de imparcialidade;

— encerrar o debate.

**2. Execução**

- adotar uma atitude contida e serena;
- respeitar as diferentes opiniões dos participantes;
- exprimir-se com clareza;
- utilizar um vocabulário específico, relacionado com o tema em discussão, e uma linguagem adequada à exposição de fala elaborada;
- não interromper as intervenções dos colegas.

Assim, os alunos, de acordo com as vivências, pesquisas e leituras efetuadas, defendem os seus pontos de vista, argumentando e desenvolvendo estratégias discursivas (interrogações retóricas[6], por exemplo) e estratégias de persuasão, valendo-se de exemplos que ilustrem e fundamentem as suas posições ou que anulem os argumentos contrários. Para iniciar, retomar, reforçar, discordar, concluir, podem-se empregar expressões do tipo: 'do meu ponto de vista', 'na minha opinião', 'a meu ver', 'na minha perspectiva', 'penso que', 'considero que', 'julgo que', 'como exemplo', 'a título de exemplo', 'até compreendo essa posição, mas', 'concordo com a posição tomada', 'estou de acordo com', 'não concordo porque', 'estou em total desacordo com', 'de fato', 'efetivamente', 'na verdade', 'como sabem', 'como é de conhecimento geral', 'em síntese', 'concluindo'.

**3. Avaliação**

- refletir em conjunto sobre as diferentes posições defendidas;
- formular as conclusões do debate.

---

[6] Uma interrogação retórica não tem o objetivo canônico de obter uma informação ou uma resposta, mas enunciar uma afirmação, provocando um efeito no coenunciador. Um exemplo clássico de uma interrogação retórica é de Cícero numa das suas *Catilinárias*: "Até quando abusarás, Catilina, da nossa paciência?", em que, na verdade, se constrói uma afirmação, uma asserção.

## Sugestão de temas para debates

- "Desmatamento e desenvolvimento: há compatibilidade?
- O Brasil deve continuar construindo usinas hidrelétricas ou deve voltar a construir usinas atômicas?
- "Liberdade de imprensa, que limites?"
- "Escolha profissional: vocação ou mercado?"
- "Educação: é possível crescer sem ela?"
- "O que impede a paz no mundo?"

### 4.2.3 Júri simulado

Promover um júri simulado é estimular a capacidade argumentativa do aluno, além de fazê-lo pesquisar e adquirir novos conhecimentos. O objetivo de um júri pode estar centrado numa personalidade da história do Brasil (D. João VI, D. Pedro I, D. Pedro II, Marechal Deodoro da Fonseca, Getúlio Vargas, Juscelino Kubitschek, Santos Dumont etc), ou internacional (Pedro Álvares Cabral, Napoleão Bonaparte, Nicolau Maquiavel, Karl Marx, Abraham Lincoln, Gandhi, Albert Sabin etc). Pode, igualmente, estar centrado numa temática ("desmatamento para o desenvolvimento", "implantação ou não da pena de morte", "dar ou não esmola", "internacionalização da Amazônia" etc ).

Na simulação, o aluno escolhe de que lado deseja ficar: do promotor, aquele que acusa; ou do defensor, aquele que defende o réu ou, no caso de temáticas, o ponto de vista assumido pelo defensor.

A título de sugestão, recomenda-se o acesso ao seguinte endereço eletrônico em que alunos e professores do Colégio São Bento do Rio de Janeiro realizam uma atividade de sucesso:
<http://www.youtube.com/watch?v=v6uAFZFUJkI>

Assim como a apresentação oral e o debate, o júri simulado deve ser orientado no sentido de se observarem três etapas essenciais: planejamento, execução e avaliação.

**1. Planejamento**

- organizar o espaço físico;
- definir o papel de cada participante, escolhendo-se a equipe da promotoria, que fará a acusação, e a da defensoria, que defenderá um encaminhamento contrário ao da promotoria. Por exemplo, em caso de temática ligada a "desmatamento para o desenvolvimento", quem seria contra o desmatamento (promotoria) e quem seria a favor de um desmatamento controlado e a serviço do desenvolvimento (defensoria). Nesse caso específico, evidentemente, não haveria defesa do desmatamento, mas de desmatamento responsável. Na atribuição das tarefas, pode-se pensar em três alunos para cada equipe, designando-se um líder para cada uma, que seriam indicados como promotor-chefe e defensor-chefe;
- pesquisar/recolher informação sobre o tema e refletir sobre os argumentos que serão apresentados para a defesa de cada ponto de vista;
- indicar um juiz que terá a função de apresentador do tema, mediador das discussões e controlador do tempo;
- indicar dois secretários para o juiz que terão a função de registrar os argumentos das equipes no quadro, auxiliando o corpo de jurados, constituído dos demais alunos da turma a decidir a sentença.

**2. Execução** (as mesmas ações indicadas para o debate)

- adotar uma atitude contida e serena;
- respeitar as diferentes opiniões dos participantes;
- exprimir-se com clareza;
- utilizar um vocabulário específico, relacionado com o tema em discussão, e uma linguagem adequada ao júri simulado;
- não interromper as intervenções dos colegas.

## 3. Avaliação

- refletir em conjunto sobre as posições defendidas pelos dois grupos;
- formular as conclusões a que chegaram os jurados.

### Sugestão de atividade

O professor poderia propor um júri simulado a cada dois meses de forma que cada aluno participe pelo menos uma vez desse tipo de fala elaborada.

As temáticas e personalidades da história a serem, vamos dizer, "julgadas" devem ser escolhidas pelos próprios alunos orientados por professores de outras disciplinas, como História, Geografia, Biologia, Física, Matemática etc.

# 5. O ato de escrever

O objetivo do ensino médio no tocante à produção escrita deve ser o de formar jovens produtores eficientes de textos de diferentes gêneros. Mas nossa realidade nos revela que temos fracassado nesse aspecto. As provas públicas, como vestibulares, Enem, Enade, têm comprovado que mesmo a escolaridade de cerca de 12 anos não representa uma vantagem no desempenho de nossos alunos. Cabe ao professor refletir sobre essa experiência e procurar identificar as causas desse problema e quais as estratégias para solucioná-lo.

Uma reflexão, e consequente mudança na prática metodológica, pode incluir verificar por que razão, em meio a um grande contingente de alunos com dificuldade de produzir texto dentro das expectativas de comunicabilidade, existe um percentual que possui certa desenvoltura nessa competência.

Por que, então, alguns alunos dominam a prática de escrita e outros não? Inicialmente, podemos concluir que tem a ver com o incentivo familiar. Embora isso seja uma grande verdade, só o apoio e a preocupação de pais ciosos de sua responsabilidade não bastariam. A escola também está contribuindo nesses casos de sucesso e colhendo, em consequência, os frutos de técnicas eficientes, de algumas escolhas metodológicas acertadas.

Temos de buscar essas informações para democratizar as experiências de sucesso. Garcia (2010: 173) nos dá um exemplo de sucesso profissional a partir de uma pesquisa realizada nos Estados Unidos:

> Em pesquisa que realizou, o Dr. Johnson O'Connor, do Laboratório de Engenharia Humana, de Boston, e do Instituto de Tecnologia, de Hoboken, New Jersey, submeteu a um teste de vocabulário cem alunos de um curso de formação de dirigentes de empresas industriais (*Industrial Executive*). Cinco anos mais tarde, verificou que os dez por cento que haviam revelado maior conhecimento ocupavam cargo de direção, ao

passo que dos vinte e cinco por cento "mais fracos" nenhum alcançara igual posição.

Sabemos que não é suficiente apenas conhecer um grande número de palavras para alcançar o sucesso, mas as pesquisas ligadas à cognição devem ser levadas em conta na hora de um planejamento de atividades. Além de um vocabulário exemplar, outros fatores contribuem para o sucesso escolar. É, pois, tarefa do professor descobri-los.

Outro aspecto a ser considerado é que, como se costuma dizer, 'só se aprende alguma coisa fazendo', ou seja, colocando a mão na massa. Transcrevemos um interessante texto-depoimento que nos revela a importância de se colocar a mão na massa:

– A partir de hoje, em todas as aulas, vocês me tragam um pequeno texto livre. Uma história qualquer que tenha acontecido no dia a dia. Dez linhas. Não é necessário mais que dez linhas. Entenderam?

A classe inteira ficou encarando dona Furquim como se ela fosse a mulher-maravilha Será que dona Furquim estava caçoando da gente?

– Dez linhas do quê, professora?

Dona Furquim estava acabando de apanhar os livros de cima da mesa. Virou-se e repetiu, como se estivesse dizendo algo que nós devíamos saber de cor.

– Vamos contar por escrito as coisas que acontecem todos os dias. O cotidiano de cada um, mesmo que pareça um fato sem importância. Façam de conta que é uma brincadeira. Em casa, vocês arranjam um tempinho, passam para o papel um pouco da vida. Tanta coisa, não é mesmo? Sempre acontece tanta coisa na vida de gente!

Depois da aula geralmente a turma gostava de atirar bolotas de papel uns nos outros. Nesse dia ninguém atirou bolota em ninguém. Maria Clara de Ovo continuava coçando o dedo. O Neto cismou de perguntar se era para fazer a redação a tinta ou a lápis.

Soara o sinal. Dona Furquim ia saindo:

> – À vontade. Tanto faz a tinta ou a lápis.
> Assim foi o primeiro dia de aula de dona Furquim. Ela nunca fez questão das coisas muito na ponta da língua. Gostava de dizer que é bom aprender para a vida. Como se aprende a andar. Foi por causa de dona Furquim que desse dia em diante passei a rabiscar coisas que aconteciam em minha vida. Enchi um caderno de redação e depois outro caderno de redação. Isto que estou contando aqui não passa de folhas soltas desses cadernos. No passar a limpo, procurei emendar os erros que dona Furquim havia corrigido. Emendei os erros, mas não modifiquei os fatos.
>
> Fonte: DIAFÉRIA, Lourenço. *O empinador de estrela*. 2ª ed. São Paulo: Moderna, 2003, p. 15-17.

Escrever é realmente uma atividade que demanda um acúmulo de experiências e só se é um escritor minimamente competente se se tiver o hábito de escrever com frequência, além, é claro, de ter desenvolvido outras habilidades.

O caderno de redação, ainda nos dias atuais, pode ser uma boa experiência para nosso aluno, mas, com os estudos sobre a importância do trabalho com os gêneros textuais, essa metodologia deve ser direcionada para atender às diferentes práticas sociais, porque

> o complexo mundo contemporâneo está cada vez mais exigente em relação à escrita. Precisamos de documentos escritos para existir, ser, atuar e possuir: certidões, certificados, diplomas, atestados, declarações, contratos, escrituras, cédulas, comprovantes, registros, recibos, relatórios, projetos, propostas, comunicados inundam a nossa vida cotidiana. Tudo o que somos, temos, realizamos ou desejamos realizar deve estar legitimado pela escrita. Vale o escrito. E nossa habilidade de escrever é exigida, investigada, medida, avaliada, sempre que nos submetemos a qualquer processo seletivo, sempre que nos propomos a integrar os órgãos que conformam o sistema da cidadania urbana. (Garcez, 2004: 7-8)

O professor deve, assim, incentivar seus alunos a escrever com frequência, seja realizando resumo de textos, anotações de aulas, cartas, bilhetes, seja escrevendo textos por internet ou celulares como e-mails, mensagens de MSN.

No processo de escrita, existem alguns dados importantes da situação de enunciação que devem ser observados, como o objetivo do texto, a adequação ao gênero, as expectativas do leitor, o grau de formalismo e as condições de produção, que veremos mais detalhadamente a seguir em 5.1.

Escrever é uma atividade que demanda um processo de armazenamento de ideias e de exercício de raciocínio abstrato. Para isso, o professor deve desenvolver competências no sentido de estimular essas características. Isso quer dizer que construir um texto demanda ativar um conjunto de operações cognitivas. No tocante às ideias, está comprovado que leituras realizadas são, de longe, a melhor forma de colecionar informações que se constituirão o ponto de partida para a produção de um novo texto.

Nesse sentido, a memória é uma importante aliada e, por isso, desenvolvê-la deve ser uma preocupação constante do professor na preparação de seus alunos para a obtenção de êxito na produção de seus textos. O aluno deve ser, assim, estimulado a ler textos de diversos gêneros e realizar atividades de estímulos à compreensão da mensagem e retenção das informações.

Como sabemos que memorizamos aquilo que nos é mais significativo, o professor deve orientar seus alunos na utilização de estratégias que trabalhem a memória num sentido produtivo. É preciso mostrar a distinção entre a importância da incorporação de informações de longo prazo e a prática de decorar mecanicamente, que se presta para atividades eventuais de linguagem.

Outro aspecto a ser considerado e trabalhado na preparação para o sucesso na produção de textos é a capacidade de reflexão. Isso já foi tratado no capítulo 2. Refletir sobre um assunto e posicionar-se diante de um desafio intelectual são atividades importantes na construção do processo argumentativo, e existe a expectativa de que quem sabe argumentar sabe escrever. Raramente isso não ocorre.

Podemos dizer, então, que, para iniciar a produção de um texto, o aluno deve ter uma memória seletiva, conquistada a partir de muita leitura, análise e reflexão, e ser capaz de reter informações para serem reutilizadas; de realizar abstrações; de refletir sobre diversos assuntos; de saber, enfim, argumentar. E, como nos dizem Nicola e Terra (1997: 242, apud Castro, 2005: 28), saber escrever

> pressupõe saber ler, antes de mais nada, saber ler e pensar. O pensamento é expresso por palavras, que são registradas na escrita, que por sua vez é interpretada pela leitura. Como essas atividades estão intimamente relacionadas, podemos concluir que quem não pensa (ou pensa mal), não escreve (ou escreve mal); quem não lê (ou lê mal) não escreve (ou escreve mal).

## Sugestão de atividades

**A.** O prosfessor poderia aproveitar a ideia do caderno de redação, explicitada no texto de Lourenço Diaféria, acima referida. Entretanto, ele mesmo sugeriria aos alunos algumas propostas que poderiam ser, por exemplo, a produção de

- artigos de opinião sobre notícias publicadas em jornais e revistas;
- cartas do leitor sobre alguma polêmica pública do momento;
- editorial para jornal escolar;
- produção de uma carta de reclamação para uma empresa sobre a qualidade de um produto comprado.

**B.** Depois do trabalho de leitura com o texto "Um povo heroico", de Lya Luft, sobre a tragédia no Japão, apresentado no capítulo 3, deste livro, o professor poderia propor a produção de um artigo de opinião com o seguinte encaminhamento:

O Brasil também é atingido por desastres naturais: a seca no Sul e no Nordeste; os temporais na região serrana do Rio de Janeiro. Os alunos poderiam discutir em grupo sobre "A atitude do brasileiro diante de um desastre natural" e, em seguida, redigir um artigo de opinião sobre esse tema.

**C.** O professor poderá também organizar na escola uma "Oficina de escrita" para a qual convidasse, numa primeira etapa, pessoas bem-sucedidas da comunidade ou da cidade, em áreas em que haja predominância da produção escrita, como jornalistas e advogados, para realizar palestra sobre o ato de escrever nessas profissões. Após cada palestra, o professor sugeriria a produção de um texto sobre o assunto da palestra.

## 5.1 Condições de produção de textos

Para um trabalho eficaz de produção de textos, deve-se considerar, segundo Bunzen (2009:149), o contexto de produção e o de recepção dos textos (quem está falando, com quem, com que objetivos, de que forma etc.). No trabalho de produção textual, o professor deve informar aos alunos as finalidades específicas e os objetivos do texto que irão produzir.

Como já dissemos, a atividade de produzir um texto deve ser precedida de atividades de leitura. Para se falar ou escrever sobre um assunto, é necessário conhecer o assunto. Muitas vezes o aluno não consegue redigir um texto por falta de conhecimento do tema proposto. Além do tema, é necessário o domínio das características estruturais do gênero textual solicitado. Não se pode solicitar ao aluno que redija uma carta a um amigo, se ele desconhece os elementos organizacionais desse gênero. Daí ser essencial primeiramente uma reflexão sobre o tema e o gênero, para, em seguida, organizar o discurso.

Deve-se adotar também, como metodologia para a atividade de produção textual, a reescritura após as observações feitas pelo professor. Ao reescrever o próprio texto, o aluno estará analisando criticamente sua produção e buscando formas melhores de dizer.

No ensino médio, deve-se aprofundar o estudo dos recursos narrativos e descritivos, para o trabalho com o texto literário, e os argumentativos para abordagem dos textos de opinião.

Veremos, a seguir, as condições de produção no tocante a tema, gênero, coesão e coerência, argumentação e aspectos linguísticos.

### 5.1.1 Tema

Os temas solicitados aos alunos podem ser subjetivos ou objetivos. Temas subjetivos são aqueles em que a visão fundamentada do autor é mais abstrata. São temas de abordagem mais filosófica, voltados para a reflexão sobre questões ligadas à saúde, à educação, às relações sociais, a conflitos geracionais, a sentimentos como inveja, amor, amizade etc. Nesse tipo de tema, o aluno pode utilizar recursos de linguagem figurada como metáforas, metonímias, sinestesias, eufemismos etc., que garantem uma visão baseada numa reflexão mais introspectiva do tema.

Os temas objetivos são aqueles em que o trabalho de abordagem se detém mais especificamente em informações, em dados concretos. São temas que tratam de políticas públicas, meio ambiente, catástrofes, descobertas científicas etc. Nesse tipo de tema, o aluno constrói sua tese a partir de observações e informações da realidade.

Vejamos alguns temas subjetivos e outros objetivos que servem como sugestão para a produção em sala de aula. É bom lembrar que essa classificação é apenas um ponto de partida para o aluno compreender o tema e tomar decisões que o levem a produzir seu texto com sucesso.

**Temas subjetivos:**

O consumismo desenfreado: crescimento econômico ou patologia social?
Como superar o individualismo no mundo contemporâneo?

Influência do mundo digital no comportamento das pessoas
A felicidade está em TER ou em SER?

**Temas objetivos:**

Alimentação biológica X Manipulação genética
Energias renováveis
Os direitos humanos e a globalização
Direitos das mulheres como direitos humanos
Responsabilidade ecológica
Pesquisa de célula-tronco

Os temas propostos para a redação do Enem vêm alternando entre temas mais filosóficos, portanto, subjetivos, e temas mais objetivos, em que se exploram questões ligadas ao meio ambiente, à cidadania, ao acesso à informação, à liberdade de imprensa.

Para colaborar no processo de compreensão do tema, o professor deve orientar seus alunos a lerem com bastante cuidado o enunciado para decidir sobre a abordagem que adotarão na produção do texto. Assim, algumas questões podem ser levantadas, a saber:

- Quais as palavras-chave do tema?
- Qual a delimitação que será dada ao tema?
- Que aspecto do tema será abordado?
- Qual tese pode ser formulada a partir do tema?
- Que argumentos podem ser utilizados para defender a tese?

Normalmente, os temas apresentados em diferentes concursos vêm com textos motivadores para orientar a reflexão. Nesse caso, os alunos devem observar com atenção as seguintes recomendações:

- ler atentamente o texto e identificar a proposta, marcando as palavras-chave que indiquem o posicionamento do autor. Muitas vezes há mais de um texto com pontos de vista diferentes;

- identificar a tese e os argumentos utilizados para defender os pontos de vista;
- fazer uma crítica ao posicionamento do(s) autor(es) e verificar se concorda ou não com ele(s).

Outro aspecto a ser considerado para a compreensão e produção de um texto é o título. O professor deve promover atividades para que seus alunos consigam fazer a diferenciação entre título e tema. Isso pode ser feito com as redações já produzidas por eles ou com textos selecionados de jornais ou revistas. O tema é a proposta a ser desenvolvida e o título é uma espécie de síntese do texto, que deve fornecer pistas sobre o tema a ser desenvolvido.

O pleno estabelecimento da relação título/tema/texto depende de uma leitura minuciosa e da compreensão global do texto. Vejamos um exemplo da importância do título para a percepção da coerência construída pelo autor, no texto "Não deu", do escritor Luis Fernando Verissimo.

**Não deu**
Luis Fernando Verissimo

Nosso time é a nossa segunda pátria. Tem até hino e bandeira, como a outra pátria. Conhecemos a sua história, cantamos as suas glórias, queremos vê-la sempre vitoriosa entre as nações e a amamos com fervor. Mas, assim como acontece com a pátria de verdade, nem sempre sabemos o que amamos. Ser brasileiro é de nascença, mas o time a gente escolhe, geralmente seguindo uma tradição familiar, ou influenciado por alguém, ou pelo fato de o time estar em evidência no momento, ou pela simples simpatia. E o que é, exatamente, o objeto dessa paixão que nos pega desde pequenos e nunca nos larga? Não é o clube como entidade social, este nem nos pertence. Suas cores e seus símbolos nos emocionam, mas são apenas cores e símbolos – embora muita gente morra por apenas cores e símbolos. Amamos os jogadores, o time? Mas o time é provisório, é mesmo o que há de mais transitório e fugaz nesse estranho relacionamento. O que amamos, então, é uma abstração, uma ilusão de continuidade mesmo que o time seja sempre outro. Um ideal romântico. O amor por um time é o último exemplo de romantismo puro do mundo.

O problema na relação da torcida com o jogador é este: a torcida vive no século XIX, os jogadores vivem na era do realismo prático. O jogador ideal da torcida é o que se forma no clube, sobe das divisões de base para o time titular como grande revelação, recebe propostas fabulosas para mudar de time, mas mantém-se fiel à camisa. Enfim, não trai a pátria. Um perfeito herói romântico. Claro que o ideal é frágil e os torcedores já se resignaram aos novos tempos de empresários sem limites e jogadores sem espírito de torcedor, mas vez que outra assoma o romantismo. O retorno do Ronaldinho ao Grêmio, de onde saiu mal há dez anos – se tudo acontecesse como o Grêmio queria –, seria um triunfo de folhetim à antiga. Um filho do clube voltando perdoado e (se ainda jogasse metade do que jogava no seu auge) levando o time a novas grandes conquistas resgataria o romantismo de um mundo cínico e sem grandeza. Infelizmente – inclusive para a literatura – não deu certo.

Fonte: VERISSIMO, Luis Fernando. Não deu. *O Globo*, 13 jan. 2011, p. 7.

Para perceber a coerência a partir do título, o aluno deve ler o texto até o fim e estabelecer a relação entre 'não deu' (o título) e 'não deu certo' (a última frase).

## Sugestão de atividades

**A.** Considerando a cronologia dos temas do Enem, transcrita a seguir, o professor poderia solicitar que os alunos fizessem comentários orais sobre esses temas, identificando se são mais subjetivos ou objetivos e destacando as ideias mais importantes, e, a partir do ponto de vista do aluno, apresentar argumentos para a defesa desse posicionamento. O professor poderia buscar, no *site* do Inep, os textos motivadores do tema escolhido para mostrar aos alunos a importância de lê-los antes de começarem a desenvolver o tema proposto, porque, na leitura atenta, o aluno acionará conhecimentos que serão necessários para a elaboração da sua redação.

**Cronologia dos temas das redações do Enem**

1998 – Viver e aprender

1999 – Cidadania e participação social

2000 – Direitos da criança e do adolescente: como enfrentar esse desafio nacional

2001 – Desenvolvimento e preservação ambiental: como conciliar os interesses em conflito

2002 – O direito de votar: como fazer dessa conquista um meio para promover as transformações sociais de que o Brasil necessita?

2003 - A violência na sociedade brasileira: como mudar as regras desse jogo

2004 – Como garantir a liberdade de informação e evitar abusos nos meios de comunicação

2005 – O trabalho infantil na sociedade brasileira

2006 – O poder de transformação da leitura

2007 – O desafio de se conviver com as diferenças

2008 – Como preservar a floresta Amazônica: suspender imediatamente o desmatamento; dar incentivos financeiros a proprietários que deixarem de desmatar; ou aumentar a fiscalização e aplicar multas a quem desmatar

2009 – O indivíduo frente à ética nacional
2010 – O trabalho na construção da dignidade humana
2011 – Viver em rede no século XXI: os limites entre o público e o privado

**B.** Solicitar aos alunos que identifiquem o tema de "A língua portuguesa no Brasil", de Eduardo Guimarães, e que sugiram outros títulos para esse texto.

**A língua portuguesa no Brasil**
Eduardo Guimarães

A língua portuguesa formou-se como língua específica, na Europa, pela diferenciação que o latim sofreu na Península Ibérica durante o processo de contatos entre povos e línguas que se deram a partir da chegada dos romanos no século II a. C., por ocasião da Segunda Guerra Púnica, no ano de 218 a. C. Na Península Ibérica o latim entrou em contato com línguas ali já existentes. Depois houve o contato do latim já existente com as línguas germânicas, no período de presença desses povos na península (409 a 711 d.C.). Em seguida, com a invasão mulçumana (árabes e berberes), esse latim modificado e já em processo de divisão entra em contato com o árabe. Na primeira fase de reconquista da Península Ibérica pelos cristãos, que tinham resistido no norte, os romances (latim modificado por anos em contato com outros povos e línguas) tomaram uma feição específica no oeste da península, formando o galego-português e em seguida o português. Formou-se paralelamente o Condado Portugalense e, a partir deles, um novo país, Portugal. Toma-se como data de independência do condado do reino de Castela e Leão a batalha de São Mamede em 1128.

> Essa nova língua, depois de um longo período de mudança, correspondente a todo o final da chamada Idade Média, é transportada para o Brasil, assim como para outros continentes, no momento das grandes navegações do final do século XV e do século XVI.
>
> Fonte: GUIMARÃES, E. R. J. *A língua Portuguesa no Brasil*. Ciência e Cultura, S. Paulo, v. 57, n. 2, p. 24-28, 2005. (fragmento)

## 5.1.2 Gênero

As questões teóricas acerca de gêneros textuais foram abordadas no capítulo 3. Nesta parte, tratamos de outros aspectos ligados estritamente ao ato de escrever.

O trabalho com gêneros no ensino médio vem, geralmente, observando dois aspectos: a preparação para as provas de redação dos vestibulares e do Enem, recorrendo à prática dos gêneros argumentativos, como artigos de opinião, dissertação argumentativa, editorial, cartas de leitor, comentários de notícias; e a preparação para o futuro profissional, estimulando a produção de gêneros como *curriculum vitae*, requerimento, relatório, ata de reunião etc.

Recorrendo a essa metodologia bipartida dos gêneros (argumentativos e profissionais) a serem produzidos, o professor espera dar conta das necessidades acadêmicas e pragmáticas dos alunos. Devemos, no entanto, observar outros interesses para que práticas discursivas atendam também às necessidades mais específicas dos alunos.

Nesse sentido, Bazerman (2006: 24) argumenta que

> não deveríamos ser displicentes na escolha dos gêneros escritos que os nossos alunos vão produzir. Nem deveríamos manter essas escolhas invisíveis aos alunos, como se toda produção escrita exigisse as mesmas posições, comprometimentos e metas; como se todos os textos compartilhassem das mesmas formas e características; como se todo

letramento fosse igual. Nem deveríamos ignorar as percepções dos alunos sobre a direção para onde estão indo e sobre seus sentimentos a respeito dos lugares que lhes indicamos.

Um trabalho com gêneros textuais deve incluir, portanto, uma metodologia diversificada que contemple os interesses dos alunos, os aspectos cognitivos, as interações sociais e a preparação para o futuro profissional. Dentre os gêneros que o professor poderá trabalhar com os alunos, além dos de cunho argumentativo, sugerimos o *curriculum vitae*, de que trataremos a seguir.

### *Curriculum vitae*

*Curriculum vitae* é uma expressão latina que se refere ao relato dos acontecimentos que marcam a vida pessoal e profissional de um indivíduo. Normalmente, é apresentado por quem se candidata a um emprego.

Como muitas vezes no ensino médio já começa a preocupação com o futuro profissional, é interessante que o professor apresente uma estrutura de currículo para que o aluno já vá se familiarizando com as anotações que deverão constar dele.

Um *curriculum vitae* deve conter dados com muito rigor e objetividade, considerando que, ao concorrer a um emprego, será esse documento que proporcionará uma avaliação do candidato.

O professor pode, assim, sugerir as seguintes partes num *curriculum vitae*:

1. Dados biográficos: nome completo, data de nascimento, nacionalidade, naturalidade, estado civil, endereço, telefone, e-mail, identidade, cartão de contribuinte fiscal (CPF).
2. Formação acadêmica: referência ao curso e ao ano de conclusão.
3. Formação complementar: estágios, cursos de línguas estrangeiras, cursos de informática, cursos de atualização.

4. Experiência profissional: referência a locais e/ou instituições onde foram desempenhadas funções.

5. Situação atual: local/instituição onde desempenha funções ou interesses futuros, no caso de ainda não estar trabalhando.

6. Trabalhos publicados: artigos de opinião em jornal da escola, em revistas de circulação mais restrita, entre outros.

7. Outras informações relevantes: participação em ações de solidariedade, de voluntariado; em peças teatrais; entre outras.

O professor pode promover a atividade de confecção, em sala de aula, do *curriculum vitae* dos seus alunos. Pode elaborar, inicialmente, um currículo fictício em conjunto com a turma para, a seguir, com a orientação do professor, cada aluno elaborar o seu próprio.

O professor deve instruir também seus alunos a anexar uma carta ao *curriculum vitae* que enviará às empresas. A carta deve ser bem objetiva e atender a princípios de polidez (como ser respeitoso, observar a situação de comunicação, utilizar linguagem pertinente, entre outros). Deve indicar, ainda, a função a que se candidata e a fonte de informação do cargo pretendido: jornal e data da publicação do anúncio; amigo que trabalha na empresa.

Como atividade, ainda, o professor pode apresentar um texto em que apareçam dados biográficos de um autor, como a sugestão a seguir com texto de Graciliano Ramos:

Leia o texto e sublinhe os segmentos de caráter biográfico que poderiam integrar o *curriculum vitae* de Graciliano Ramos. Elabore, para facilitar a redação do *curriculum*, a cronologia da vida desse autor, a partir das informações contidas no texto:

> "Nasci em 27 de outubro de 1892, em Quebrangulo, Alagoas, de onde saí com dois anos. Meu pai, Sebastião Ramos, negociante miúdo, casado com a filha de um criador de gado, ouviu os conselhos de minha avó, comprou uma fazenda em Buíque, Pernambuco, e levou para lá os filhos, a mulher e os cacarecos. Ali a seca matou o gado e

seu Sebastião abriu uma loja na vila, talvez em 95 ou 96. Da fazenda conservo a lembrança de Amaro vaqueiro e de José Baía. Aprendi a carta de A B C em casa, aguentando pancada. O primeiro livro, na escola, foi lido em uma semana, mas no segundo encrenquei: diversas viagens à fazenda de um avô interromperam o trabalho, e logo no começo do volume antipático a história de um Miguelzinho que recebia lições com os passarinhos fechou-me, por algum tempo, o caminho das letras. Meu avô dormia numa cama de couro cru, e em redor da trempe de pedras, na cozinha, a preta Vitória mexia-se, preparando a comida, acocorada. Dois currais, o chiqueiro das cabras, meninos e cachorros numerosos, soltos no pátio, cobras em quantidade. Nesse meio e na vila passei meus primeiros anos. Depois seu Sebastião aprumou-se e em 99 foi viver em Viçosa, Alagoas, onde tinha parentes. Aí entrei no terceiro livro e percorri várias escolas, sem proveito. Como levava uma vida bastante chata, habituei-me a ler romances. Desembestei para a literatura. Aos dezoito anos fui com a minha gente morar em Palmeira dos Índios. Em começo de 1914, enjoado da loja de fazendas de meu pai, vim para o Rio, onde me empreguei como foca de revisão. Nunca passei disso. Em fim de 1915, embrenhei-me de novo em Palmeira dos Índios. Fiz-me negociante, casei-me, ganhei algum dinheiro, que depois perdi, enviuvei, tornei a casar, enchi-me de filhos, fui eleito prefeito e enviei dois relatórios ao governador. Lendo um desses relatórios Schimidt (*Augusto Frederico Schimidt, editor e poeta*) imaginou que eu tinha algum romance inédito e quis lançá-lo. Realmente o romance existia, um desastre. Foi arranjado em 1926 e apareceu em 1933 (1). Em princípio de 1930 larguei a Prefeitura e dias depois fui convidado para diretor da Imprensa Oficial.

Demiti-me em 1931. No começo de 1932 escrevi os primeiros capítulos de *São Bernardo*, que terminei quando saí do hospital. Em janeiro de 1933 nomearam-me diretor da Instrução Pública de Alagoas – disparate administrativo que nenhuma revolução poderia justificar. Em março de 1936, no dia em que me afastaram do cargo, entreguei à datilógrafa as últimas páginas do *Angústia*, que saiu em agosto do mesmo ano, se não estou enganado, e foi bem recebido, não pelo que vale, mas porque me tornei de algum modo conhecido, infelizmente.

Mudei-me para o Rio, ou antes, mudaram-me para o Rio (*Graciliano refere-se à sua prisão na Ilha Grande, no Rio, por ser comunista*), onde existo. Aqui fiz meu último livro, história mesquinha – um casal vagabundo, uma cachorra e dois meninos (2). Preciso sair. Apesar de não gostar de viagens, sempre vivi de arribada, como um cigano. Projetos não tenho. Estou no fim da vida. Instrução quase nenhuma. José Lins do Rego tem razão quando afirma que a minha cultura, moderada, foi obtida em almaques."

Notas:

1 – Graciliano refere-se ao seu primeiro romance, **Caetés**. Foi mesmo um desastre.

2 – O livro mencionado por Graciliano Ramos, "história mesquinha – um casal vagabundo, uma cachorra e dois meninos", é nada menos que **Vidas Secas**.

Fonte: RAMOS, Graciliano. D.O. Leitura, São Paulo, 13 (150) novembro de 1994. Transcrito da revista *Leitura*, ano 1, número 1, Rio de Janeiro, 1942.

### 5.1.3 Coesão e coerência

A estruturação formal e lógica de um texto se ampara na coesão (organização das palavras na frase e frases no período, de acordo com elementos morfossintáticos e lexicais adequados) e na coerência (seleção de ideias/conceitos pertinentes e compatíveis com a sequência discursiva que fazem o texto ter sentido para os usuários). Esses elementos devem estar internalizados pelo aluno para serem empregados na produção textual a ser realizada.

Para produzir um texto coeso, o aluno deve recorrer a marcadores linguísticos, como explicitados a seguir:

a) elementos de referenciação (anáfora e catáfora), que remetem a outros itens do discurso, tais como:

- pronominalização: emprego de pronomes que possibilitam a repetição de termos, que pode estar numa anáfora (o referente antecipa o pronome: "As crianças brincavam na calçada. <u>Elas</u> assistiram ao circo que passava fazendo propaganda do espetáculo."). Ou em catáfora (o pronome antecipa seu referente: utilizado com mais frequência com os pronomes demonstrativos *este(s)*, *esta(s)*, *isto*: "<u>Estas</u> são as frutas recomendadas na dieta: maçã, melancia e abacaxi.");
- expressão de sequencialização: emprego de expressões que se referem, por repetição, à sequência utilizada anteriormente no texto ("Todos aprovaram a viagem do rapaz para o próximo ano. A única dúvida é o destino da <u>viagem</u>");
- recurso lexical: utilização de expressões equivalentes para substituir elementos (Machado de Assis é o representante máximo do Realismo na literatura brasileira. <u>O autor de Dom Casmurro</u> nasceu no Rio de Janeiro em 21 de junho de 1839).

b) Elipse: omissão de elementos, muitas vezes marcada pelo uso da vírgula ("Os alunos alcançaram resultados satisfatórios nas provas de avaliação. Estudaram com bastante dedicação todos os conteúdos orientados pelos professores"/"Os viajantes buscaram abrigo nas casas vazias da cidade; os animais, nas fazendas": a elipse do sintagma nominal 'os alunos' e do sintagma verbal 'buscaram abrigo' evitou a repetição.)

c) Outros mecanismos linguístico-gramaticais também estabelecem a ligação entre as partes de um texto e, por isso, devem ser observados com cuidado, tais como a concordância nominal e verbal; a coesão temporal (tempos verbais, conjunções e advérbios); coesão lexical (sinônimos, antônimos, hiperônimos, hipônimos); exigência de construções verbais (como a construção 'lamento que X', em que na oração subordinada, representada por X, o verbo necessariamente estará no subjuntivo); entre outros.

Para o estabelecimento da coesão textual, construindo a mensagem de forma coerente, clara e concisa, é importante que o aluno domine as relações discursivas que se constroem num texto. Assim, podemos ter relações de

- adição: *e, além disso, e ainda, não só ... mas também;*
- certeza: *é evidente que, certamente, decerto que, com toda a certeza, naturalmente, evidentemente;*
- conclusão: *portanto, logo, enfim, concluindo, em suma;*
- dúvida: *talvez, é provável, é possível, provavelmente, possivelmente, porventura;*
- explicação/particularização: *isso (não) significa que, isso quer dizer que, com isso (não) pretendemos;*
- fim/intenção: *para, para que, com o intuito de, a fim de, com o objetivo de;*
- causa: *pois, porque, por causa de, dado que, já que, uma vez que, porquanto;*
- consequência: *por tudo isso, de modo que, de tal forma que;*
- chamada de atenção: *note-se que, atente-se que, repare-se, veja-se, constate-se;*

- confirmação: *efetivamente, com efeito, na verdade, como vimos;*
- exemplo: *por exemplo, isto é, como se pode ver, é o caso de;*
- hipótese/condição: *se, a menos que, suponho que, admitindo que, salvo se, exceto;*
- sequência espacial: *ao lado, sobre, à esquerda, no meio, naquele lugar, o lugar onde;*
- sequência temporal: *após, antes, depois, em seguida, seguidamente, até que, quando;*
- opinião: *a meu ver, creio que, em nosso entender, parece-me que, acho que;*
- oposição/contraste: *mas, apesar de, no entanto, porém, contudo, todavia, por outro lado.*
- síntese/resumo: *por outras palavras, ou melhor, ou seja, em resumo, em suma;*
- semelhança: *do mesmo modo, tal como, assim como, pela mesma razão, igualmente.*

Para escrever um texto com ligações eficazes e explícitas, não é preciso fazer um estudo sistemático dessas diversas possibilidades lógicas. Basta adquirir o hábito de se perguntar qual é a ligação entre a frase ou o parágrafo em questão e o precedente, garantindo que a relação lógica seja compreensível.

Um erro muito comum é o uso de um conectivo não correspondente à relação lógica presente entre dois trechos do texto. Por exemplo: "Jorge não está indo bem na escola; entretanto, no exercício de matemática tirou nota baixa". Nesse caso, foi usado um conectivo que indica contraste, quando na realidade a relação entre as duas frases é de reafirmação (de fato) ou de exemplificação (por exemplo). (Serafini, 1987: 66)

Existem alguns problemas de coerência a que o aluno deve estar atento. Ramos (1997: 81-82) aponta alguns, a saber: a não progressão semântica (redundâncias); a descontinuidade temática (informações não desenvolvidas); a presença de lugar-comum (previsibilidade, irrelevância); e a contradição (comprometimento da compreensão).

Ao trabalhar com a coesão e a coerência no texto do aluno, o professor deve alertá-lo para a importância da **progressão temática**, que depende desses dois aspectos para se efetivar e garantir a comunicabilidade de um texto.

A qualidade de um texto se constata principalmente a partir do jogo de relações lógico-discursivas que o autor imprime à sua produção. Assim, o trabalho do professor deve pautar-se por assegurar que o aluno tenha a preocupação em realizar as relações internas de forma clara, lógica, coesa e coerente. As relações acima explicitadas não devem, como já foi dito, ser decoradas pelos alunos. Foram mostradas apenas algumas possibilidades entre tantas outras de que a língua dispõe.

## Sugestão de atividades

**A.** O professor poderia solicitar aos alunos que identificassem a natureza das relações discursivas em textos variados. A seguir, apresentamos uma sugestão de texto em que foram destacados em negrito os elementos linguísticos para a realização dessa proposta de atividade.

**O problema da autoria científica**
Eloi de Souza Garcia

A autoria científica até pouco tempo atrás não era um problema relevante para a comunidade científica internacional. **Entretanto**, alguns autores vêm se manifestando de maneira veemente sobre suas participações em determinados artigos produzidos. **Recentemente**, perguntaram ao cientista britânico Ian Wilmut, mundialmente reconhecido como "pai da Dolly", o primeiro animal a ser clonado, se ele não tinha criado a Dolly. **Sua resposta** foi surpreendente para algumas pessoas fora do meio científico: "Sim, eu não criei a Dolly".

**A partir daí** esta história foi divulgada pela imprensa mundial de forma mais do que sensacionalista. **Isso** não tem nada com o cientista coreano Hwang Woo-suk, que confessou a fraude em seu artigo publicado pela revista "Science". Wilmut admitiu que pelo menos 66% do mérito de criar a Dolly foi de Keith Campbell, biólogo celular contratado por ele. **Mas** o cientista também argumentou que coordenou o trabalho, forneceu as condições laboratoriais e ensinou a Campbell a técnica de transferência nuclear. Keith que assinou o artigo da Dolly na revista "Nature" em 1997 em último lugar - Wilmut foi o primeiro nome no artigo - não foi reconhecido como o "pai da Dolly".

**Entretanto**, outros autores deste artigo estão também contando suas histórias. Angelika Schieke, a segunda autora, estudante de doutorado na época, disse que Wilmut obteve a "paternidade da Dolly" **porque** pediu, e os demais autores concordaram, para ser o primeiro autor, apesar de que esta posição não refletia sua contribuição ao trabalho. O artigo foi resultado da manipulação de centenas de óvulos e células, cujo único fruto foi a Dolly **e**, lamentavelmente, os demais autores não foram reconhecidos. **Algo parecido** ocorreu com Miodrag Stojkovic. **Assim como Campbell**, Stojkovic deixou a Universidade em que trabalhava devido a seu chefe Alison Murdoch receber o mérito por ter apresentado, prematuramente, à imprensa internacional, em 2005, o primeiro embrião humano clonado na Europa.

Algumas revistas científicas já aceitam esclarecer que tais e tais autores tiveram a mesma participação ou o mesmo papel de relevância na produção do artigo. **No**

**entanto**, sem os líderes das equipes e chefes de laboratórios, que normalmente não realizam a maior parte do experimento, mas buscam recursos, definem, ensinam, orientam e dirigem as equipes, muitos autores não chegariam aos resultados de sucesso.

No fundo **esses** questionamentos são reflexos do mundo competitivo da investigação de alto nível, **onde** a posição do nome em um artigo pode significar uma bolsa a mais, mais recursos para o laboratório ou a fama no mundo científico.

Disponível em: <http://lqes.iqm.unicamp.br/canal_cientifico/pontos_vista/pontos_vista_artigos_opiniao65-1.html>. Fragmento. Acesso em: 15 mar. 2012. (Primeira veiculação no Boletim Eletrônico Secti On Line, abr. 2006)

**B.** O professor deve mostrar aos alunos que também existem relações discursivas na oralidade. Para isso, ele poderia trabalhar esse aspecto em tirinhas, histórias em quadrinhos, charges. Nossa sugestão é uma tirinha da Mafalda, em que o professor poderia solicitar que os alunos identificassem as relações discursivas, explicando oralmente a natureza dessas relações.

Disponível em: <http://tirasdemafalda.tumblr.com/>. Acesso em: 16 mar. 2012.

## 5.1.4 Estratégias argumentativas

Neste último tópico das 'condições de produção de um texto', objetivamos mostrar a importância de se trabalhar o desenvolvimento da capacidade de argumentar do aluno. Nesta etapa dos estudos, no ensino médio, o aluno já traz uma bagagem de informações para as suas atividades escolares. Agora é mostrar que é necessário reativar as informações armazenadas e transformá-las em argumentos para interagir com o mundo que o cerca, além, é claro, de ter a preocupação de estar sempre em busca de novidades do mundo globalizado. Assim, o sucesso escolar também depende sobremaneira de se atualizar essa capacidade, pois as diferentes situações de comunicação exigem uma atuação do cidadão de forma clara, firme e criativa.

Argumentar é convencer o outro de alguma ideia. É tentar mudar a opinião do interlocutor em relação a uma tese que se deseja defender. É estar em interação.

> Seja na família, no trabalho, no esporte ou na política, saber argumentar é, em primeiro lugar, saber integrar-se ao universo do outro. É também obter aquilo que queremos, mas de modo cooperativo e construtivo, traduzindo nossa verdade dentro da verdade do outro (Abreu, 2001: 10).

Existem marcas formais e de conteúdo que caracterizam um plano de argumentação. Como os diferentes textos solicitados – dissertação, artigo de opinião, entre outros –, tanto na vida escolar quanto no exercício profissional, apresentam características argumentativas, o aluno deve apreender as marcas que revelam de que forma ele pode compreender os argumentos num texto ou como estruturar seu próprio texto argumentativo.

A pergunta que se faz, então, nesta parte, é: como argumentar?

Alguns recursos podem ser utilizados. Como sabemos, para convencer o outro de uma tese, de um ponto de vista, o professor deve orientar seu aluno a recorrer a argumentos lógicos para provar a verdade de seu raciocínio. Assim, temos alguns processos a serem utilizados e ensinados ao aluno:

**a.** argumento por analogia: consiste em estabelecer uma tese, aproximando duas noções distintas a fim de mostrar que pertencem à mesma ordem. Um exemplo desse tipo de argumento é recorrer-se a uma fábula ou a um conto em que personagens fictícias são confrontadas com a realidade dos fatos. Fica por conta do leitor o estabelecimento de um elo entre o universo fictício e o mundo real;
**b.** argumento com base na experiência: recorre-se aos exemplos concretos, aos fatos vividos para sustentar a tese;
**c.** argumento de contestação da tese adversária: o texto argumentativo se estrutura em torno de duas teses: a que se defende e a que se recusa. Existem várias formas de se confrontar a tese adversária, a saber: pode-se entrar diretamente nos argumentos do outro para invalidar a tese; pode-se considerar a possibilidade de se integrar no raciocínio um argumento contrário para depois anular seu valor;
**d.** argumento de autoridade: faz-se a citação de uma autoridade na área e no assunto para reforçar o argumento;
**e.** argumento apelando para as emoções: recorre-se aos sentimentos do outro para obter sua adesão. Os recursos expressivos como a comparação, a metáfora, a hipérbole, a gradação, colaboram na execução deste tipo de argumento.[7]

Na produção de textos, temos a necessidade de iniciar a abordagem do tema por definições, com o propósito de argumentar ou de contextualizar o leitor no recorte que faremos do assunto.

De forma geral, a definição se constitui uma delimitação, e, por isso, temos, com certa frequência, a concepção de que a definição é

---
[7] Para maior aprofundamento sobre tipos de argumentos, consultar o item 4.2, 'Consistência dos argumentos', de Garcia (2010: 381-383).

uma negação, em que delimitamos um termo em relação a outro porque negamos os outros.

A partir da relação, explicitada ou não no enunciado construído, que se estabelece entre termos, as definições podem ser:

a. definição simples
b. definição estendida

A *definição simples*, como o próprio nome já diz, se refere às definições sem muitos complementos, beirando à objetividade. São definições de termos técnicos das diferentes áreas do conhecimento, como Sociologia, Biologia, Linguística etc. Vejamos o exemplo: "Hipótese é uma suposição que antecede a constatação dos fatos e tem como característica uma formulação provisória; deve ser testada para determinar sua validade". (Marconi, 1982: 26-27)

Já a *definição estendida* vai mais além, não se limita à informação objetiva do termo. São utilizadas em estudos mais elaborados e mais especializados. Temos um exemplo de definição estendida quando há informações que ampliam a ideia da simples definição do termo, a saber:

> Sílica é o material fundamental na construção dos chips, e é encontrado em abundância na natureza, o que garante que a indústria de computadores não sofrerá nenhum impacto, como acontece com as indústrias que dependiam do petróleo. Mas, além da sílica, os laboratórios estão pesquisando outros materiais, que poderão resultar em reduções mais fantásticas no tamanho dos componentes e na velocidade com que ligam e desligam as minúsculas chaves. (Carmo, 1989: 18)

Exemplo de definição simples transformada em estendida:

> Código é um sistema de sinais – ou de signos, ou de símbolos – que, por convenção prévia, se destina a representar e a transmitir a informação entre a fonte dos sinais – ou emissor – e o ponto de destino – ou receptor. (Dubois, 1998: 114) (até aqui temos uma definição simples)

O código pode ser formado de sinais de natureza diferente: sons (código linguístico), signos escritos (código gráfico), sinais gestuais (como o movimento de braços de um homem que segura uma bandeira num barco ou numa pista de aeroporto), símbolos como painéis de sinalização de trânsito, ou ainda, sinais mecânicos como as mensagens datilografadas em Morse etc. Os sinais que formam um código são em número restrito; o próprio número desses sinais é, na maioria das vezes, convencional e só varia com o acordo dos usuários do código. (Dubois, 1998: 114) (agora a definição simples se transformou numa estendida).

Para os alunos construírem textos orais ou escritos bem argumentados, o professor pode orientá-los no sentido de observarem algumas condições de produção e estratégias argumentativas. Assim, é necessário:

- conhecer bem o tema;
- conhecer bem o interlocutor;
- apresentar os argumentos de forma clara e numa sequência que vai do argumento mais forte e mais pertinente para o mais fraco;
- encadear logicamente os argumentos, usando os conectores adequados;
- utilizar uma linguagem precisa, evitando equívocos e termos inconsistentes;
- destacar as contradições do adversário;
- pôr em relevo as crenças genericamente aceitas pelo grupo social atingido;
- evocar a própria experiência, referindo-se a episódios bem-sucedidos de sua vida;
- recorrer à opinião de alguém que tenha autoridade na matéria para persuadir;
- explorar as emoções do grupo social atingido;
- usar analogias e comparações, confrontar situações;

- repetir os argumentos mais fortes.

Outro aspecto que contribui para a construção do processo de argumentação é o emprego de figuras retóricas, que devem ser trabalhadas nos alunos não apenas para que possam interpretar os textos literários, mas também como recursos diferenciados na produção de seus textos. As figuras retóricas constituem, dessa forma, um eficiente recurso de argumentação.

> É preciso distinguir as figuras retóricas, que têm um caráter funcional, das figuras estilísticas, cujo objetivo é causar a emoção estética. Quando Guimarães diz, no contexto de Grande Sertão – Veredas, que "Viver é um descuido prosseguido", ou que "Mocidade é tarefa para mais tarde se desmentir", ou ainda que "Toda saudade é uma espécie de velhice", ele não está preocupado em persuadir ninguém, mas apenas dando forma à "sabedoria" da personagem de Riobaldo. (Abreu, 2001: 105-106).

O professor deve, portanto, estimular a incorporação dos recursos linguísticos das figuras de retórica ao texto do aluno. Para efeito de um plano de argumentação, indicam-se as seguintes figuras:

- antítese: apresentação de dois conceitos opostos;
- comparação: relação de semelhança entre duas ideias usando uma partícula comparativa ou verbos como *parecer* ou *assemelhar-se*;
- eufemismo: expressão de uma ideia chocante de forma suave;
- encadeamento: disposição de palavras/ideias segundo uma ordem crescente ou decrescente;
- hipérbole: exagero da realidade;
- interrogação retórica: pergunta que não pretende obter a resposta, mas enfatizar uma afirmação;
- ironia: afirmação que pretende sugerir o contrário;

- metáfora: comparação entre dois conceitos sem a utilização da partícula comparativa;
- metonímia: utilização de um vocábulo em vez de outro, com o qual tem uma relação de contiguidade;
- personificação: atribuição de qualidades ou de comportamentos humanos a seres inanimados ou a animais;
- pleonasmo: repetição da mesma ideia;
- sinestesia: expressão simultânea de sensações diferentes.

## Sugestão de atividades

Apresentaremos a seguir duas atividades para o desenvolvimento da capacidade argumentativa dos alunos, em que o professor poderia trabalhar a argumentação na oralidade e na escrita.

**A.** Uma atividade que desenvolve a capacidade argumentativa é a discussão sobre filmes. Assim, o professor poderia explorar as polêmicas provocadas por produções cinematográficas nacionais e estrangeiras e solicitar a reflexão sobre as temáticas desenvolvidas. Alguns filmes que poderiam ser vistos e trabalhados em sala de aula, tais como:

1) "Doze homens e uma sentença"
**Sinopse:** Doze jurados devem decidir se um homem é culpado ou não de um assassinato. Onze têm plena certeza de que ele é culpado, enquanto um não acredita em sua inocência, mas também não o acha culpado. Decidido a analisar novamente os fatos do caso, o jurado número 8 não deve enfrentar apenas as dificuldades de interpretação dos fatos para achar a inocência do réu, mas também a má vontade e os rancores dos outros jurados, com vontade de irem embora logo para suas casas.

Disponível em: <http://www.cineplayers.com/filme.php?id=33>. Acesso em: 30 dez. 2011.

2) "Eu, tu, eles"

**Sinopse:** Darlene (Regina Casé), grávida e solteira, vai embora da sua região e regressa três anos depois ao trabalho pesado dos canaviais no nordeste brasileiro com Dimas, o filho. Osias (Lima Duarte), um homem mais velho e orgulhoso de ter construído sua própria casa, propõe-lhe casamento. Darlene aceita. Ele se aposenta, enquanto ela continua a trabalhar nos canaviais. Tempos depois, Zezinho, primo de Osias, vai morar com eles, pois a tia faleceu. Darlene se aproxima de Zezinho e engravida dele. Osias percebe, mas finge não ligar.

Tempos depois, um desconhecido, Ciro, aproxima-se de Darlene, a engravida e a situação vai ficando tensa para os quatro.

Disponível em: <http://pt.wikipedia.org/wiki/Eu_Tu_Eles.> Acesso em: 30 dez. 2011.

**Observação:** a ideia do filme 'Eu, tu, eles' tem sua origem numa notícia publicada em jornal sobre uma mulher nordestina com três maridos.

3) "O artista"

**Sinopse:** Na Hollywood de 1927, o astro do cinema mudo George Valentin (Jean Dujardin) começa a temer se a chegada do cinema falado fará com que ele perca espaço e acabe caindo no esquecimento. Enquanto isso, a bela Peppy Miller (Bérénice Bejo), jovem dançarina por quem ele se sente atraído, recebe uma oportunidade e tanto para trabalhar no segmento. Será o fim de sua carreira e de uma paixão?

Disponível em: <http://www.adorocinema.com/filmes/filme-183070/>. Acesso em: 29 fev. 2012.

**B.** Nesta atividade, o professor solicitaria aos alunos que, a partir do estudo preliminar do tema e de uma reflexão sobre o assunto, produzissem um texto. Vejamos um exemplo de tema:

> Tema: As constantes divergências de opinião entre indivíduos, grupos e nações vêm provocando violência e, muitas vezes, guerra entre países.

O professor poderia promover uma discussão sobre alguns aspectos do tema para que os alunos se ambientassem e acionassem as informações que já possuem, tais como:

- sugerir uma reflexão sobre o mundo em que o aluno vive;
- discutir sobre as possíveis causas das divergências no mundo contemporâneo;
- solicitar um posicionamento em relação a 'em que o mundo deve ser mudado';
- incentivar o levantamento dos argumentos que comprovem a necessidade de mudança no mundo;
- solicitar que seja feita uma proposta de mudança do mundo para que novas gerações tenham uma maior qualidade de vida.

Agora, a partir das discussões e reflexões realizadas, o professor poderia solicitar a produção de uma dissertação argumentativa sobre esse tema. Para tal, os alunos podem definir um plano básico de texto argumentativo:

1º parágrafo: o mundo em que o aluno vive e, de um modo geral, como é o relacionamento entre as pessoas, e explicitação da tese;
2º parágrafo: quais as causas que justifiquem o comportamento das pessoas;
3º parágrafo: quais as consequências que justifiquem mudanças;
4º parágrafo: argumentos que fortaleçam a tese (ver os tipos de argumentos lógicos);
5º parágrafo: a proposta para mudar o mundo.

A estrutura em cinco parágrafos é apenas uma sugestão, pois isso equivaleria mais ou menos a um texto entre 25 a 30 linhas.

## 5.1.5 Aspectos linguísticos

Além das atividades já propostas nos diferentes capítulos deste livro, introduzimos nesta parte uma sugestão de texto e atividades para o estudo de aspectos linguísticos, objetivando desenvolver no aluno a capacidade de compreensão e produção textual. O padrão escrito formal da língua é o adotado nas redações de vestibulares, do Enem, de concursos públicos, bem como nas avaliações estaduais e municipais.

## Sugestão de atividade

O professor poderia trabalhar, em textos diversos, os aspectos linguísticos. Apresentamos a seguir algumas sugestões.

No texto abaixo, alguns fatos linguísticos podem ser explorados. Após a leitura e estudo do vocabulário, o professor poderá realizar com os alunos um estudo desses aspectos.

**Estrangeirismos na imprensa: sim ou não?**
Thaís Nicoleti de Camargo

A leitora Susyanne, estudante de jornalismo em São Paulo, propõe uma questão importante. Num país como o Brasil, cuja população ainda está longe de ser bilíngue, o excesso de termos estrangeiros sem tradução nos textos da imprensa é um obstáculo não só ao perfeito entendimento da informação como à ampliação do público leitor.

A *Folha de São Paulo*, de onde fui consultora de língua portuguesa, sempre teve preocupação com essa questão. No seu Manual da Redação, trata da importância do didatismo na produção de textos, o que inclui o problema do estrangeirismo.

Os termos estrangeiros devem, de modo geral, ser evitados se houver equivalentes vernáculos. É fato, entretanto, que, em certas áreas do conhecimento, eles são praticamente inevitáveis. É o que se observa nos textos de tecnologia (informática, sobretudo), economia e moda. Cumpre, exatamente por isso, aos jornalistas a tarefa de explicar ao leitor em geral esse emaranhado de termos que acabam sendo compreendidos apenas pelos iniciados, privando os demais do acesso imediato a esses universos de saber.

Por outro lado, não são poucas as vezes em que esses estrangeirismos oferecem uma ilusão de informação. Por assumirem características de linguagem cifrada, dão a impressão de encerrar um saber altamente especializado, o que nem sempre corresponde à realidade.

É importante que a imprensa reflita sobre a própria linguagem, pensando em produzir textos para incluir, não para excluir o máximo de leitores.

Disponível em: <http://colunas.gazetaweb.globo.com/platb/dicasdeportugues/page/12/>. Acesso em: 08 mar. 2012.

O professor poderia, assim, trabalhar, por exemplo, os seguintes fatos linguísticos:

1) **aposto**: no primeiro parágrafo, há uma explicação sobre o sujeito do primeiro período. Essa explicação dá noção ao leitor de que se refere a alguém que pertence a um determinado segmento da população. Solicitar que o aluno identifique esse termo no parágrafo;

2) **crase**: em "à ampliação do público leitor" (primeiro parágrafo, linha 6), o acento indicativo da crase foi utilizado porque 'ampliação' é uma palavra feminina que pode ser antecedida do artigo feminino 'a' e complementa o sentido de outra palavra anteriormente empregada que exige a preposição 'a'. Solicitar que o aluno identifique essa palavra no parágrafo;

3) **regência com pronome relativo**: no segundo parágrafo, a autora utilizou a preposição 'de' antes do pronome relativo 'onde'

porque a regência assim o determinou. Solicitar ao aluno que identifique esse fato, ou seja, que ele dê a explicação para esse fato gramatical;

4) **concordância do verbo haver**: no terceiro parágrafo, foi empregado o verbo haver no futuro do subjuntivo. Solicitar que o aluno explique por que o verbo está no singular e a função da expressão 'equivalentes vernáculos'. Poderia também explorar a possibilidade de substituição de 'haver' por 'existir', enfatizando a concordância verbal;

5) **homonímia**: no penúltimo parágrafo, aparece a expressão 'as vezes', que, normalmente, com o uso indicativo da crase, é uma locução adverbial, indicando uma circunstância temporal. Entretanto, no texto, essa expressão tem outra interpretação e outra função morfossintática. Solicitar ao aluno que indique o adequado uso dado no texto pela autora a essa expressão.

Além desses aspectos, o professor poderá levar o aluno a refletir sobre a função dos parênteses no terceiro parágrafo e a razão de *Folha de São Paulo* estar em itálico.

## 5.2 As diferentes vozes num texto

O aluno deve entender que num texto podem surgir outras vozes, outros pontos de vista, além da expressão da sua opinião, e referências a outros textos. Ao primeiro fenômeno dá-se o nome de polifonia (poli=muitas, várias; fonia= voz; ou seja, várias vozes); ao segundo designa-se intertextualidade, que quer dizer presença de outro(s) texto(s) em um novo texto. Muitas vezes, no processo argumentativo de um artigo de opinião, por exemplo, há necessidade de se recorrer a falas de autoridades no assunto para fortalecer o ponto de vista defendido e/ou a passagens de outros textos.

Objetiva-se, nesta parte, mostrar a importância da compreensão desses dois conceitos para a produção de textos no ensino médio, que se constitui o momento da construção da autonomia discursiva e da transição para a própria autoria na construção do conhecimento.

## 5.2.1 Polifonia

Designa-se polifonia a presença de citações num texto. Muitas vezes o recurso a citações se deve à necessidade de fortalecer um ponto de vista, comprovar uma tese com a referência a autoridades no assunto, como ocorre no texto científico ou em artigos de opinião. O texto jornalístico também é um espaço em que a polifonia se constitui uma importante técnica de abordagem do fato, do acontecimento.

> Isso acontece, usualmente, com as reportagens de jornal ou revistas, onde o repórter, além de manifestar sua própria voz, narrando um acontecimento, pode introduzir também a voz de seus participantes ou observadores. Eis um exemplo típico:
> Em 1982, quando a montadora [Volkswagen] suspendeu a produção da Brasília, um engenheiro de lá não se conteve: "Mataram o carro errado" [o "certo", no caso, seria o Fusca, só extinto em 1986]. Tinha lá as suas razões: a Brasília oferecia, na ocasião, a mesma consagrada mecânica do Fusca, num carro muito mais espaçoso e três décadas mais moderno. (Abreu, 1991: 45).

Há recursos linguísticos que podem ser ensinados aos alunos para marcar a presença de outras vozes num texto, tais como: *para X, segundo X, segundo X, segundo afirma X, de acordo com X, conforme X, conforme afirma X* etc, que são expressões que introduzem o relato de outra pessoa diferente do autor do texto. Outro recurso é a introdução de aspas, que pode ser antecedida de um verbo *dicendi*, como *dizer, falar, perguntar, afirmar* etc. Esses verbos são muito utilizados no discurso direto (transcrição literal das palavras do outro) e no indireto (paráfrase da fala do outro) e alguns podem marcar uma atitude do enunciador frente ao que enuncia, indicando uma interpretação da fala do outro, como, por exemplo, os verbos *ponderar, denunciar, contestar, refutar, argumentar*, entre outros.

## 5.2.2 Intertextualidade

O outro aspecto relevante e que contribui para o desenvolvimento da competência textual-discursiva é o conhecimento dos diferentes tipos de intertextualidade. No entanto, esse importante recurso num texto tem sido abordado nas aulas de leitura/produção textual como mera curiosidade e, como tal, costuma ser apenas assinalado sem que se explore o porquê da presença de um texto em outro texto.

O que devemos explicar aos alunos é que um texto contém em si marcas de outros textos, que podem ser explícitas ou implícitas. Explícitas quando o autor do texto identifica claramente marcas do outro texto transcrito. Implícitas quando não há a referência explícita ao texto, o leitor percebe por inferência a partir de conhecimentos anteriores.

Na intertextualidade, cabe ao leitor perceber a relação que o autor, numa estratégia discursiva, construiu. Para tal, o leitor deve ter conhecimento do texto a que se faz referência. Cabe lembrar que, se não se constituir um recurso, o autor pode estar cometendo um deslize legal identificado como *plágio*. O plágio é, assim, ilegal e quem o comete sofre sanções. Daí o aluno dever ser orientado a sempre atribuir o crédito aos autores a quem recorre na produção de um texto.

Um exemplo corrente de intertextualidade é a utilização da expressão "Agora Inês é morta" que quer dizer: "Nada mais se pode fazer". Essa expressão popular nasceu em consequência do fato histórico relacionado à Inês de Castro, amante de D. Pedro I, futuro rei de Portugal, no século XIV, condenada à morte pelo pai do Príncipe por se envolver em questões de Estado. Quando D. Pedro I assume o reinado, manda perseguir e matar os autores do crime. A esse fato referiram-se vários autores, entre eles Luís de Camões que, no Canto Terceiro (118-137) do poema *Os Lusíadas*, narra a história daquela "Que depois de ser morta foi Rainha".

Nesse exemplo, a intertextualidade só se processa se o leitor conhecer a história e a referência ao poema camoniano, daí termos enfatizado, em vários momentos deste livro, a necessidade de o professor promover atividades que ampliem a visão de mundo dos alunos.

Há três tipos de intertextualidade: **paráfrase**, quando o texto possui as mesmas ideias centrais do texto original; **apropriação**, quando o texto é reescrito com as mesmas palavras; e **paródia**, quando o texto possui ideias contrárias às ideias centrais do texto original, buscando contestá-las ou ridicularizá-las. Para perceber os recursos da intertextualidade é importante um saber prévio, para que o leitor identifique no texto que está lendo a presença direta ou indireta de outros textos.

A "Canção do exílio", de Gonçalves Dias, publicada nos *Primeiros cantos*, em 1846, é um dos poemas brasileiros mais citados e recriados. Três dos seus versos foram transcritos pelo processo de apropriação por Joaquim Osório Duque Estrada na letra do "Hino Nacional Brasileiro". No Modernismo, esse poema de Gonçalves Dias foi recriado pelo processo de paráfrase por Carlos Drummond de Andrade e, de maneira paródica, por Murilo Mendes, entre outros.

A remissão à "Canção do exílio" estendeu-se também à canção popular e à história em quadrinhos, como na letra da canção "Sabiá", de Tom Jobim e Chico Buarque do Holanda; e na tira "Bidu Especial", de Maurício de Sousa.

A seguir, transcrevemos esses textos.

> **Canção do exílio**
> Gonçalves Dias
>
> Minha terra tem palmeiras,
> Onde canta o Sabiá;
> As aves, que aqui gorjeiam,
> Não gorjeiam como lá.
>
> Nosso céu tem mais estrelas,
> Nossas várzeas têm mais flores,
> Nossos bosques têm mais vida,
> Nossa vida mais amores.

Em cismar, sozinho, à noite,
Mais prazer encontro eu lá;
Minha terra tem palmeiras,
Onde canta o Sabiá.

Minha terra tem primores,
Que tais não encontro eu cá;
Em cismar – sozinho, à noite –
Mais prazer eu encontro lá;

Minha terra tem palmeiras,
Onde canta o Sabiá.
Não permita Deus que eu morra,
Sem que eu volte para lá;

Sem que desfrute os primores
Que não encontro por cá;
Sem qu'inda aviste as palmeiras,
Onde canta o Sabiá.

Fonte: DIAS, Gonçalves. Canção do exílio. In: BUENO, Alexei. *Uma história de poesia brasileira*, Rio de Janeiro: G. Ermakoff Casa Editorial, 2007, p. 60-61.

### Hino Nacional
Joaquim Osório Duque Estrada
Francisco Manuel da Silva

Do que a terra, mais garrida
Teus risonhos, lindos campos têm mais flores:
"Nossos bosques têm mais vida"
"Nossa vida", no teu seio, "mais amores."

Disponível em: <http://www.planalto.gov.br/ccivil_03/Constituicao/hino.htm>. Fragmento. Acesso em: 11 mar. 2012.

**Nova Canção do Exílio**
Carlos Drummond de Andrade

Um sabiá
na palmeira, longe.
Estas aves cantam
um outro canto.
O céu cintila
sobre flores úmidas.
Vozes na mata,
e o maior amor.
Só, na noite,
seria feliz:
um sabiá,
na palmeira, longe.
Onde tudo é belo
e fantástico,
só, na noite,
seria feliz.
(Um sabiá,
na palmeira, longe.)
Ainda um grito de vida e
voltar
para onde tudo é belo
e fantástico:
a palmeira, o sabiá,
o longe.

Fonte: ANDRADE, Carlos Drummond de. *Poesia completa*. Fixação de Textos e notas de Gilberto Mendonça Teles. Rio de Janeiro: Nova Aguilar, 2002, p. 145-146.

**Canção do exílio**
Murilo Mendes

Minha terra tem macieiras da Califórnia
onde cantam gaturamos de Veneza.
Os poetas da minha terra
são pretos que vivem em torres de ametista,
os sargentos do exército são monistas, cubistas,
os filósofos são polacos vendendo a prestações.
A gente não pode dormir
com os oradores e os pernilongos.
Os sururus em família têm por testemunha a
    Gioconda.
Eu morro sufocado
em terra estrangeira.
Nossas flores são mais bonitas
nossas frutas mais gostosas
mas custam cem mil réis a dúzia.

Ai quem me dera chupar uma carambola de verdade
e ouvir um sabiá com certidão de idade!

Fonte: MENDES, Murilo. *Os melhores poemas de Murilo Mendes.* Seleção de Luciana Stegagno Picchio. São Paulo: Global, 1994, p. 87.

**Sabiá**
Chico Buarque e Tom Jobim

Vou voltar
Sei que ainda vou voltar
Para o meu lugar
Foi lá e é ainda lá
Que eu hei de ouvir cantar
Uma sabiá

Vou voltar
Sei que ainda vou voltar
Vou deitar à sombra
De um palmeira
Que já não há
Colher a flor
Que já não dá
E algum amor
Talvez possa espantar
As noites que eu não queria
E anunciar o dia

Disponível em: < http://letras.terra.com.br/chico-buarque/86043/>. Acesso em: 30 mar. 2012. (fragmento)

Fonte: Estúdio Maurício de Sousa. Bidu Especial. São Paulo: Abril, 1973.

## Sugestão de atividade

O escritor Adriano Espínola é considerado, por alguns críticos, um "mestre na arte de intertextualizar". O professor poderá propor a leitura de dois relatos desse escritor que integram o livro *Malindrânia* e solicitar que os alunos identifiquem a intertextualidade utilizada por ele na composição dos seus textos, remetendo para as obras originais em que ele se inspirou.

**Texto 1**
**O pintor da tribo**
Adriano Espínola

Além, muito além daquele tempo e não longe do mar bravio, uma pequena tribo vivia em uma caverna. As nascentes ali próximas manchavam de verde os campos e faziam escorrer e saltar a pesca e a caça pelos córregos.

Depois de numerosos invernos e verões regulares, eis que as nuvens se esgarçam, somem. O estio se prolonga – uma inesperada seca então prospera. Pássaros e animais migram; árvores emagrecem e se tornam cinza. As margens do rio começam a se alargar, a rachar e a beber as águas, até transformá-lo em um poço turvo e triste, feito o olho magoado de uma velha.

Os homens buscam, agora, comer as raízes, os lagartos e os insetos que surpreendem por perto. A fome e a sede logo começam a dobrar aqueles antes resolutos caçadores.

Fonte: ESPÍNOLA, Adriano. *Malindrânia*. Rio de Janeiro: Topbooks, 2009, p. 23. (fragmento)

**Texto 2**
**A flecha**
Adriano Espínola

Ao acordar, depois de ferido na face pela flecha da ágil Iracema, Martim Soares Moreno viu que os carros, as pessoas no calçadão da Avenida Beira-Mar e as nuvens por entre os edifícios se movimentavam com o mesmo ímpeto da flecha arremessada.

Surpreso, puxou da espada transparente. Já a mão do tempo, rápida, lhe estancou o sangue, que gotejava há séculos, por entre as brancas páginas de areia da praia.

Fonte: ESPÍNOLA, Adriano. *Malindrânia*. Rio de Janeiro: Topbooks, 2009, p. 25.

### 5.2.3 Autoria

A capacidade de produzir textos com autonomia, com autoria, é o ponto culminante de uma aprendizagem de práticas discursivas. Deve ser o objetivo de todo o ensino de Língua Portuguesa no ensino médio. Podemos comprovar isso com o que nos diz Furlanetto (2009: versão eletrônica):

> A autoria, que implica o domínio paulatino de um conjunto complexo de habilidades, é, paralelamente ao objetivo de adquirir e manipular conhecimentos, parte constitutiva da meta de formação básica e formação profissional. Ela implica a lida cotidiana com um sem-número de práticas sociais e discursivas: fala e escuta, leitura e escrita, reflexão, crítica, análise da linguagem em vários níveis.

Dessa forma, o professor deve buscar ferramentas e metodologias para criar atividades que estimulem o desenvolvimento da expressão escrita, capacitando o aluno para atingir o amadurecimento na produção textual. Todas as atividades propostas nos diferentes capítulos deste livro têm como objetivo dotar o aluno de experiências que o levem a ser um leitor competente e um escritor que possui habilidades indispensáveis para produzir textos de qualidade em diferentes gêneros.

Alguns aspectos, entre outros, podem ser considerados para que o aluno produza um texto com autoria:

- as ideias são independentes e originais;
- os fatos são interpretados com amadurecimento;
- as soluções para os problemas indicam perspicácia e profundidade na reflexão;
- os problemas são analisados sob diversos ângulos;
- os argumentos são dispostos de forma coerente e hierarquizada;
- os recursos linguísticos estão a serviço da clareza na exposição das ideias e das opiniões;
- as ideias se apresentam em blocos coerentes e seguem uma lógica interna.

## Sugestão de atividades

**A.** O professor poderia levar para a aula alguns jornais e revistas e, dividindo a turma em grupos, solicitar que procurassem, em artigos de opinião, notícias e reportagens, marcas linguísticas que assinalem a polifonia nesses textos, como as citações explícitas, as construções com as expressões introdutórias do discurso relatado ('de acordo com X', 'segundo X', 'para X') ou as aspas de citação. Em notícias, a polifonia está presente nas diferentes versões sobre o fato noticiado, assim como nos depoimentos, por vezes conflitantes, das testemunhas do acontecimento. O aluno poderia também identificar e isolar os verbos *dicendi* utilizados nas matérias pesquisadas.

**B.** Outra atividade poderia ser solicitar aos alunos que procurassem em textos de jornais ou revistas exemplos de intertextualidade, ou seja, pesquisassem, em enunciados de periódicos, as diferentes formas de menção a outros textos.

## 5.3 Critérios de avaliação da produção escrita

Os aspectos focados nas condições de produção acima são importantes na avaliação de um texto. Integram, por isso, os diferentes critérios de avaliação de redação de concursos, vestibulares e do Enem.

Assim, serão avaliados, numa redação, a qualidade da abordagem do tema; a adequação ao gênero; a observação ao padrão culto da língua; a observação aos mecanismos de coesão e coerência; a pertinência dos argumentos. Além desses aspectos, o Enem solicita que o candidato apresente uma proposta de solução para o problema apresentado na temática.

Numa avaliação da produção de textos de alunos do ensino médio, devem-se considerar as competências expressas na Matriz de Referência para avaliação da redação, disponível no site do Inep.

Neste subcapítulo, apresentaremos as competências e os critérios.

Essas competências são assim descritas:

I - Demonstrar domínio da norma padrão da língua escrita.

II - Compreender a proposta de redação e aplicar conceitos das várias áreas de conhecimento para desenvolver o tema, dentro dos limites estruturais do texto dissertativo-argumentativo.

III - Selecionar, relacionar, organizar e interpretar informações, fatos, opiniões e argumentos em defesa de um ponto de vista.

IV - Demonstrar conhecimento dos mecanismos linguísticos necessários para a construção da argumentação.

V - Elaborar proposta de solução para o problema abordado, respeitando os valores humanos e considerando a diversidade sociocultural.

Disponível em: <http://download.inep.gov.br/educacao_basica/enem/edital/2011/edital_n07_18_05_2011_2.pdf>. Acesso em: 29 fev. 2012.

Os critérios de correção das redações produzidas pelos alunos de ensino médio devem se basear nessas competências.

## Critérios para a correção das redações[8]

Apresentamos a seguir o quadro de avaliação proposto para a redação do Enem. São considerados seis níveis de proficiência, distribuídos em cinco competências, que, por sua vez, representam uma pontuação expressa por 0, 200, 400, 600, 800, 1000.

---

[8] Disponível em: <http://www.infoenem.com.br/wp-content/uploads/2011/12/Reda%C3%A7%C3%A3o_Enem1.pdf>. Acesso em: 05 mar. 2012.

| Competência | Na situação de produção de texto | Níveis de proficiência |
|---|---|---|
| I | Demonstrar domínio da norma culta da língua escrita. | **0.** Demonstra desconhecimento da norma padrão, de escolha de registro e de convenções da escrita.<br>**1.** Demonstra domínio insuficiente da norma padrão, apresentando graves e frequentes desvios gramaticais, de escolha de registro e de convenções da escrita.<br>**2.** Demonstra domínio mediano da norma padrão, apresentando muitos desvios gramaticais, de escolha de registro e de convenções da escrita.<br>**3.** Demonstra domínio adequado da norma padrão, apresentando alguns desvios gramaticais e de convenções da escrita.<br>**4.** Demonstra bom domínio da norma padrão, com poucos desvios gramaticais e de convenções da escrita.<br>**5.** Demonstra excelente domínio da norma padrão, não apresentando ou apresentando escassos desvios gramaticais e de convenções da escrita. |

| II | Compreender a proposta de redação e aplicar conceitos das várias áreas de conhecimento para desenvolver o tema, dentro dos limites estruturais do texto dissertativo-argumentativo. | **0.** Desenvolve texto que não contempla a proposta de redação, desenvolve outro tema e/ou elabora outro tipo textual que não o dissertativo-argumentativo.<br>**1.** Desenvolve de maneira tangencial o tema ou apresenta inadequação ao tipo textual dissertativo-argumentativo.<br>**2.** Desenvolve de forma mediana o tema a partir de argumentos do senso comum, cópias dos textos motivadores ou apresenta domínio precário do tipo textual dissertativo-argumentativo.<br>**3.** Desenvolve de forma adequada o tema, a partir de argumentação previsível e apresenta domínio adequado do tipo textual dissertativo-argumentativo.<br>**4.** Desenvolve bem o tema a partir de argumentação consistente e apresenta bom domínio do tipo textual dissertativo-argumentativo.<br>**5.** Desenvolve muito bem o tema com argumentação consistente, além de apresentar excelente domínio do tipo textual dissertativo-argumentativo, a partir de um repertório sociocultural produtivo. |
|---|---|---|

| III | Selecionar, relacionar, organizar e interpretar informações, fatos, opiniões e argumentos em defesa de um ponto de vista. | **0.** Apresenta informações, fatos, opiniões e argumentos incoerentes ou não apresenta um ponto de vista.<br>**1.** Não defende ponto de vista e apresenta informações, fatos, opiniões e argumentos pouco relacionados ao tema.<br>**2.** Apresenta informações, fatos e opiniões, ainda que pertinentes ao tema proposto, com pouca articulação e/ou com contradições, ou limita-se a reproduzir os argumentos constantes na proposta de redação em defesa de seu ponto de vista.<br>**3.** Apresenta informações, fatos, opiniões e argumentos pertinentes ao tema proposto, porém os organiza e relaciona de forma pouco consistente em defesa de seu ponto de vista.<br>**4.** Seleciona, organiza e relaciona informações, fatos, opiniões e argumentos pertinentes ao tema proposto de forma consistente, com indícios de autoria, em defesa de seu ponto de vista.<br>**5.** Seleciona, organiza e relaciona informações, fatos, opiniões e argumentos pertinentes ao tema proposto de forma consistente, configurando autoria, em defesa de seu ponto de vista. |
|---|---|---|

| | | |
|---|---|---|
| IV | Demonstrar conhecimen-to dos mecanismos linguísticos necessários para a construção da argumentação. | **0.** Apresenta informações desconexas, que não se configuram como texto.<br>**1.** Não articula as partes do texto ou as articula de forma precária e/ou inadequada.<br>**2.** Articula as partes do texto, porém com muitas inadequações na utilização dos recursos coesivos.<br>**3.** Articula as partes do texto, porém com algumas inadequações na utilização dos recursos coesivos.<br>**4.** Articula as partes do texto, com poucas inadequações na utilização de recursos coesivos.<br>**5.** Articula as partes do texto, sem inadequações na utilização dos recursos coesivos. |
| V | Elaborar proposta de intervenção para o problema abordado, respeitando os direitos humanos. | **0.** Não elabora proposta de intervenção.<br>**1.** Elabora proposta de intervenção tangencial ao tema ou a deixa subentendida no texto.<br>**2.** Elabora proposta de intervenção de forma precária ou relacionada ao tema, mas não articulada com a discussão desenvolvida no texto.<br>**3.** Elabora proposta de intervenção relacionada ao tema, mas pouco articulada à discussão desenvolvida no texto.<br>**4.** Elabora proposta de intervenção relacionada ao tema e bem articulada à discussão desenvolvida no texto.<br>**5.** Elabora proposta de intervenção inovadora relacionada ao tema e bem articulada à discussão desenvolvida em seu texto. |

A nota global da redação será dada pela média aritmética das notas atribuídas a cada uma das cinco competências específicas da redação.

A redação que não atender à proposta solicitada (competência II: tema/tipo de texto dissertativo-argumentativo) receberá o conceito D (desconsiderada).

A redação em branco receberá o conceito B (em branco) e a redação com impropérios, desenhos ou outras formas propositais de anulação, receberá o conceito A (anulada). Em todos esses casos será atribuída nota zero às redações, sendo que o zero das redações em branco (B) é o único excluído do cálculo da média da nota de redação dos participantes.

# 6. Lugar do discurso literário

Apesar de os livros didáticos de português para os alunos do ensino médio reservarem um espaço significativo à literatura, os exames nacionais Enem e Saeb quase não prestigiam a leitura dos clássicos. Esse procedimento cria um contraste entre a proposta das escolas e dos livros didáticos e a expectativa do aluno em relação ao exame que poderá garantir-lhe uma vaga na universidade.

## 6.1 A literatura no ensino médio

O ensino da literatura na escola, nos dias hoje, necessita ser avaliado diante de um contexto inexistente há algumas décadas. Atualmente, no Brasil, todos têm acesso à escola. Essa conquista, realizando o sonho de Anísio Teixeira, foi conseguida muito recentemente. Agora, com quase todos na escola, precisamos repensar como ensinar literatura para um público que não traz de casa nenhuma vivência cotidiana com o livro. Esse objeto simbólico, o livro impresso, ainda é visto pela maioria dos estudantes, que chegam ao ensino médio, como algo distante do seu universo social, econômico e cultural.

O objetivo do estudo da literatura no ensino médio deve ser a formação de um leitor crítico, capaz de fruir o texto, de identificar o estilo do autor, de reconhecer as características estéticas do período e de associá-lo ao contexto histórico-cultural em que o texto foi produzido, pois a literatura deve ser estudada como forma de expressão cultural de um povo. Para isso, o professor de Língua Portuguesa deve oferecer ao aluno uma visão abrangente da literatura brasileira, propondo-lhe atividades que o encaminhem à interpretação do texto, alertando-o para a presença da intertextualidade, pois todo texto é construído a partir de outros. Por exemplo, um autor contemporâneo brasileiro, que queira expressar em literatura a "saudade" ou a "ausência do seu país", naturalmente se recordará da "Canção do exílio", de Gonçalves Dias, que é o símbolo máximo do amor de quem está distante da pátria.

Para atingir esse objetivo, o professor deverá selecionar autores e textos mais representativos das diferentes correntes estético-literárias brasileiras, a fim de constituir um cânone, que todo aluno que venha a concluir o ensino médio conheça, para que, dentro do espírito republicano que rege as relações sociais atualmente no Brasil, possa ter, a partir dos maiores vultos da cultura brasileira, uma consciência cidadã.

A escola poderá promover, entre outras atividades, declamação de poesia e encenação de textos literários em que os alunos tenham de organizar o cenário, o som e a iluminação, tendo o professor como condutor desse processo que poderá envolver outras áreas, como Geografia, História, Artes, numa proposta de atividade interdisciplinar. Assim, com o objetivo de incentivar, no aluno, a leitura de textos literários, o professor poderá propor, como práticas didático-pedagógicas, além de perguntas norteadoras da compreensão do texto, dramatização, júri simulado, produção de murais ou jornais, recontar histórias utilizando outras linguagens, entrevistas, resumos, resenhas.

Como o texto literário é marcado pela inter-relação entre os códigos linguístico, estilístico, temático, ideológico, é necessário o aluno compreender a interação entre esse conjunto de códigos, que constroem a literatura, e as outras manifestações artísticas que se relacionam na produção e na recepção do texto, a fim de desenvolver uma percepção crítica do fenômeno literário. Daí a necessidade da leitura intertextual e interdisciplinar dos textos literários, com cinema, canção popular, artes plásticas, promovendo um trabalho por meio do qual se possa descobrir como as diferentes linguagens artísticas se articulam. Citemos, por exemplo, a utilização que Vitor Meireles fez do texto da *Carta de Pero Vaz de Caminha* para pintar o quadro "A primeira missa no Brasil". Também é o caso da ópera "O Guarani", de Carlos Gomes, que remete à sua fonte primeira, o romance do mesmo nome de José de Alencar.

É atribuição da escola, particularmente no ensino médio, favorecer o acesso à literatura de qualidade, estimulando a leitura dos autores clássicos da literatura brasileira, de modo a incentivar a busca espontânea para o desenvolvimento da competência literária.

É esta competência que permite ao leitor estabelecer um diálogo com o texto, conhecer e familiarizar-se com obras modelares da literatura presente e passada e desenvolver hábitos de leitura ao longo da vida. É igualmente desta interação que advém a conquista de um pensamento crítico e divergente, a abertura a novos mundos e horizontes, um novo olhar sobre o outro, e, obviamente, um contato próximo com a língua, num estado de elevada criatividade. (Azevedo, 2008: 75).

A literatura brasileira, presente e passada, possui um conjunto de autores que podemos chamar de clássicos pela excelência de sua linguagem literária, que formam um cânone. Entre os prosadores, Machado de Assis com seus contos e romances da última fase (*Memórias Póstumas de Brás Cubas*, *Quincas Borba* e *Dom Casmurro*); Graciliano Ramos com *São Bernardo* e *Vidas Secas*; Guimarães Rosa com *Sagarana* e *Grande Sertão: Veredas*; Clarice Lispector com *A maçã no escuro* e *A hora da estrela*. Na poesia, sem nos estendermos, lembremo-nos de Gonçalves Dias, Cruz e Sousa, Manuel Bandeira, Carlos Drummond de Andrade, João Cabral de Melo Neto, Ferreira Gullar.

No trabalho com o texto literário, é necessário também fornecer ao aluno dados biobibliográficos sobre o autor e o contexto histórico de que resultou a sua produção literária. É fundamental que o estudante compreenda o significado sócio-histórico-cultural das obras e a linguagem utilizada, a fim de estabelecer relações entre diferentes textos e autores, momentos históricos e linguagens. Além disso, o aluno deverá refletir sobre a relação entre o texto literário e a realidade que ele retrata e depreender suas características estéticas.

Com José de Alencar, o principal representante da prosa de ficção no romantismo brasileiro, pode-se exemplificar o resgate do momento histórico em que viveu o autor. Nos seus romances indianistas, *O Guarani* e *Iracema*, escritos e publicados no auge do romantismo brasileiro, vemos que o autor idealizou, nessas narrativas, um passado mítico, o encontro inaugural do colonizador português com o índio brasileiro. Nessa época, é importante lembrar, o país vivia intensa campanha patriótica, devido à Guerra do Paraguai (1865-1870) e ao movimento de cunho nacionalista que tinha, na defesa da variante brasileira da língua portuguesa, uma das bandeiras capitaneadas por Alencar.

Outro autor do Segundo Reinado, Machado de Assis, inseriu seus romances no cotidiano urbano do Rio de Janeiro, em que as personagens vivenciam a nova realidade socioeconômica do Brasil, após a ascensão política de Dom Pedro II. As grandes figuras do romance machadiano, como Brás Cubas e Bentinho, atuam como típicos representantes de uma burguesia tropical com seus agregados e escravos. A cidade do Rio de Janeiro conhece melhorias urbanas que atraem a atenção internacional, mas que, ao mesmo tempo, revelam o descompasso do país com as conquistas da Revolução Industrial, em face da sobrevivência entre nós da escravidão.

No ensino médio, o enfoque deve ser predominantemente da literatura brasileira, articulando-a, sempre que possível, com as literaturas portuguesa e africana de expressão portuguesa.

Os brasileiros, para melhor conhecer as origens de sua literatura, têm, necessariamente, de relacioná-la à portuguesa. A influência dos autores lusitanos sobre a cultura literária brasileira remonta ao período colonial. Ainda hoje, no Pós-Modernismo, Luís de Camões, o poeta máximo da língua portuguesa, influencia autores brasileiros, conforme comprova o livro *Camões e a poesia brasileira*, de Gilberto Mendonça Teles. A par desse poeta do Renascimento, temos, no Modernismo, Fernando Pessoa, celebrizado pelos seus múltiplos heterônimos, que vem exercendo duradoura influência em nossa literatura.

Os autores africanos de língua portuguesa surgiram no horizonte cultural de nosso país após o movimento de independência, em que se passou a conhecer melhor autores de Angola, como José Luandino Vieira e Pepetela; de Moçambique, José Craveirinha e Mia Couto e, de Cabo Verde, Manuel Lopes e Germano Almeida.

## 6.2 Diálogo entre obras de diferentes períodos

O texto literário de diferentes gêneros – poema, romance, conto, crônica, peça teatral – que trate de questões contemporâneas pode dialogar com obra barroca, árcade, romântica, realista. Esse procedimento, além de identificar as peculiaridades linguísticas e estilísticas do texto vinculadas aos diversos movimentos literários, leva à compreensão de que a produção literária, como manifestação cultural que é, está articulada com os movimentos político, social e cultural de um povo, ao mesmo tempo em que favorece a compreensão de que as características de um estilo de época não estão limitadas aos textos produzidos naquele momento específico, mas são atemporais, ou seja, podem manifestar-se em diversos outros momentos.

O professor precisa levar o aluno a perceber a plurissignificação da linguagem literária. O texto literário possui valor estético, permitindo diferentes interpretações e leituras que são veiculadas por recursos estilísticos como as figuras de linguagem. O texto literário tem sua qualidade artística reconhecida quando atinge a "literariedade", denominação dada pelos Formalistas Russos[9], em que as palavras transcendem o seu estado de dicionário e, no universo simbólico da escrita, adquirem ampla ambiguidade no jogo entre forma e conteúdo. É ao conhecimento dessa linguagem artística que os professores sonham conduzir seus alunos.

Outra questão é a discussão do tema, subjacente a toda obra literária. A literatura brasileira possui algumas constantes temáticas como, por exemplo, o sertão, o universo urbano, a questão social. Pode-se propor um estudo que aproxime autores e obras de diferentes momentos históricos e de estilos literários distintos que abordem a mesma temática, como Alencar e Guimarães Rosa, tratando do sertão;

---

[9] Designa-se Formalista Russo o grupo de estudiosos de história e crítica literária na Rússia de 1910 a 1930. Entre seus principais teóricos encontram-se Roman Jakobson e Viktor Chklovsky, que propuseram um método científico para estudar a linguagem poética. O Formalismo Russo influenciou os estudos literários no Ocidente, sobretudo através das obras de Mikhail Bakhtin e Yuri Lotman, abordando a linguagem literária com um viés que colocava em segundo plano as análises psicológica e histórico-cultural.

Machado de Assis e Lygia Fagundes Teles, retratando o universo urbano; Aluisio Azevedo e Lima Barreto, discutindo a questão social.

Num mesmo núcleo temático pode-se encontrar uma diversidade de gêneros e de épocas, como já nos alertava a professora Dirce Cortes Riedel:

> Se um autor antigo e um autor atual versaram o mesmo assunto, colocam-se lado a lado os dois trabalhos de criação, para que o leitor proceda, por si mesmo, à análise comparativa, pensando adequadamente os fatores tempo, temperamento individual, mandamentos de escolas literárias, e outros. (Riedel et al, 1975).

## 6.3 A personagem feminina na literatura brasileira

A questão do tema motiva-nos a pensar no papel da mulher na sociedade brasileira, o qual se modificou radicalmente no século XX. Da posição de submissão à figura masculina, tanto na família como na sociedade, ambas sob o regime patriarcal, sistema que predominou até as primeiras décadas do século XX, a mulher cujos direitos se limitavam à vida doméstica progressivamente conquistou o direito ao voto, à escolarização, ao exercício de atividades profissionais. Nas últimas décadas do século XX e na primeira do XXI, a mulher adquiriu ainda mais espaço na sociedade, chegando a ocupar os mais altos postos dos poderes Executivo, Legislativo e Judiciário da República brasileira, além de cargos de direção no universo financeiro e empresarial.

A contribuição da mulher como escritora na literatura brasileira deu-se, com destaque, a partir do Modernismo e o conceito de escrita de autoria feminina também frutificou com o movimento libertário que ela empreendeu e que se reflete no seu fazer literário. Suas principais representantes são, entre outras, Cecília Meireles, Rachel de Queirós, Clarice Lispector, Lígia Fagundes Teles, Nélida Piñon, Ana Maria Machado.

## Sugestão de atividade

O professor poderá propor uma atividade de pesquisa em grupo sobre a vida e a obra dessas escritoras, destacando a contribuição delas para a literatura brasileira.

Como sugestão de trabalho com temas, escolhemos "A personagem feminina na literatura brasileira", em que estudaremos três famosos perfis femininos: Lúcia, de *Lucíola*, de José de Alencar; Capitu, de *Dom Casmurro*, de Machado de Assis; Gabriela, de *Gabriela, cravo e canela*, de Jorge Amado.

Analisaremos os textos, a relação entre eles e seus autores, os contextos em que essas obras foram produzidas. Assim, o trabalho com o texto literário pode seguir os seguintes passos:

1. Apresentação aos alunos do projeto a ser desenvolvido e reflexão sobre o tema, obras e autores:
tema: "A personagem feminina na Literatura Brasileira";
obras: *Lucíola*, *Dom Casmurro*, *Gabriela, cravo e canela*;
autores: José de Alencar, Machado de Assis, Jorge Amado.

2. Antes da leitura dos textos selecionados, o professor deve propor uma atividade de preparação para a leitura. Sugerimos as seguintes:

A. O aluno, individualmente ou em grupo, entrevistará mulheres de diferentes faixas etárias sobre como a geração delas via e ainda vê as conquistas da mulher brasileira.

Para realizar tal atividade, o professor deverá abordar o gênero textual entrevista, orientando o aluno na elaboração das perguntas, escolha do entrevistado, gravação ou anotação das respostas, mostrando que entrevistar é perguntar com uma finalidade específica.

B. O aluno poderá pesquisar sobre grandes figuras femininas do país: na política, Princesa Isabel; na música, Chiquinha Gonzaga; na pintura, Tarsila do Amaral; na moda, Zuzu Angel; na medicina, Nise da Silveira.

3. Ainda como preparação de leitura dos fragmentos dos romances selecionados, o professor deve fornecer informações sobre o contexto de produção de cada um dos textos: Quem o produziu? Quando foi produzido? A que público se destina? Qual seu objetivo comunicativo? Qual a linguagem empregada?

## 6.3.1 Lúcia de *Lucíola*, de José de Alencar

Vejamos o primeiro perfil feminino a ser analisado. O professor apresentará o autor (José de Alencar), a obra (*Lucíola*), o contexto em que foi produzida (metade do século XIX) e a personagem (Lúcia), tentando despertar nos alunos o interesse para a leitura integral do romance.

José de Alencar (1829-1877) foi o maior representante da prosa romântica no Brasil. O movimento romântico no país surge a partir do lançamento de *Suspiros poéticos e saudades*, de Domingos José Gonçalves de Magalhães, em 1836. É característica marcante desse período a busca por uma identidade nacional, diferenciadora da herança lusitana.

Com a chegada da Família Real Portuguesa em 1808, desenvolveu-se, no Rio de Janeiro, a vida urbana e, com a criação da imprensa, os jornais passaram a publicar, em capítulos, denominados folhetins, romances, muito ao gosto do público feminino à semelhança das novelas televisivas de hoje.

A estrutura familiar da época em que transcorre a narrativa era patriarcal, na qual a mulher era responsável pela administração da casa e pela educação dos filhos pautada nos valores morais da igreja católica. Qualquer mulher que fugisse a esse estereótipo era vista com maus olhos. A alta sociedade frequentava bailes, óperas, passeios, cafés.

Nesse contexto, Alencar cria, em *Lucíola*, a personagem Lúcia, uma cortesã que se prostituiu ainda menina para ajudar a família pobre e doente.

**I - Leitura do texto**

**Capítulo II**

José de Alencar

A primeira vez que vim ao Rio de Janeiro foi em 1855.

Poucos dias depois da minha chegada, um amigo e companheiro de infância, o Dr. Sá, levou-me à festa da Glória; uma das poucas festas populares da corte. Conforme o costume, a grande romaria desfilando pela Rua da Lapa e ao longo do cais, serpejava nas faldas do outeiro e apinhava-se em torno da poética ermida, cujo âmbito regurgitava com a multidão do povo.

Era ave-maria quando chegamos ao adro; perdida a esperança de romper a mole de gente que murava cada uma das portas da igreja, nos resignamos a gozar da fresca viração que vinha do mar, contemplando o delicioso panorama da baía e admirando ou criticando as devotas que também tinham chegado tarde e pareciam satisfeitas com a exibição de seus adornos.

Enquanto Sá era disputado pelos numerosos amigos e conhecidos, gozava eu da minha tranquila e independente obscuridade, sentado comodamente sobre a pequena muralha e resolvido a estabelecer ali o meu observatório. Para um provinciano recém-chegado à corte, que melhor festa do que ver passar-lhe pelos olhos, à doce luz da tarde, uma parte da população desta grande cidade, com os seus vários matizes e infinitas gradações?

Todas as raças, desde o caucasiano sem mescla até o africano puro; todas as posições, desde as ilustrações da política, da fortuna ou do talento, até o proletário humilde e desconhecido; todas as profissões, desde o banqueiro até o mendigo; finalmente, todos os tipos grotescos da sociedade brasileira, desde a arrogante nulidade até a vil lisonja, desfilaram em face de mim, roçando a seda e a casimira pela baeta ou pelo algodão, misturando os perfumes delicados às impuras exalações, o fumo aromático do havana às acres baforadas do cigarro de palha.

— É uma festa filosófica essa festa da Glória! Aprendi mais naquela meia hora de observação do que nos cinco anos que acabava de esperdiçar em Olinda com uma prodigalidade verdadeiramente brasileira.

A lua vinha assomando pelo cimo das montanhas fronteiras; descobri nessa ocasião, a alguns passos de mim, uma linda moça, que parara um instante para contemplar no horizonte as nuvens brancas esgarçadas sobre o céu azul e estrelado. Admirei-lhe do primeiro olhar um talhe esbelto e de suprema elegância. O vestido que o moldava era cinzento com orlas de veludo castanho e dava esquisito realce a um desses rostos suaves, puros e diáfanos, que parecem vão desfazer-se ao menor sopro, como os tênues vapores da alvorada. Ressumbrava na sua muda contemplação doce melancolia e não sei que laivos de tão ingênua castidade, que o meu olhar repousou calmo e sereno na mimosa aparição.

— Já vi esta moça! disse comigo. Mas onde?...

Ela pouco demorou-se na sua graciosa imobilidade e continuou lentamente o passeio interrompido. Meu companheiro cumprimentou-a com um gesto familiar; eu, com respeitosa cortesia, que me foi retribuída por uma imperceptível inclinação da fronte.

— Quem é esta senhora? perguntei a Sá.

A resposta foi o sorriso inexprimível, mistura de sarcasmo, de bonomia e fatuidade, que desperta nos elegantes da corte a ignorância de um amigo, profano na difícil ciência das banalidades sociais.

— Não é uma senhora, Paulo! É uma mulher bonita. Queres conhecê-la?...

Compreendi e corei de minha simplicidade provinciana, que confundira a máscara hipócrita do vício com o modesto recato da inocência. Só então notei que aquela moça estava só, e que a ausência de um pai, de um marido, ou de um irmão, devia-me ter feito suspeitar a verdade.

Fonte: ALENCAR, José de. *Lucíola*. 7 ed. Rio de Janeiro: José Olympio, 1977, p. 4-5.

### II - Estudo do texto

Ao propormos analisar a personagem feminina, levamos em conta que o autor buscou, consciente ou inconscientemente, no seu universo social, a figura feminina que serve de paradigma para sua ficção.

Inicialmente, o professor deve chamar a atenção dos alunos para o ponto de vista, ou o foco narrativo, utilizado pelo autor. O uso do narrador-personagem, que conhece toda a história e participa dela, é uma técnica de construção romanesca largamente empregada pelos escritores românticos e realistas, como Alencar e Machado de Assis.

Em *Lucíola*, o narrador-personagem Paulo apresenta ao leitor a história da personagem principal Lúcia, contada a partir de seu próprio olhar.

O fragmento selecionado, com passagens narrativas e descritivas, traz, em germe, a história de Lúcia. Percebemos o domínio do tempo cronológico, característica romântica, em "A primeira vez que vim ao Rio de Janeiro foi em 1855." O espaço físico urbano, onde se passa o primeiro encontro de Paulo com Lúcia, é um local emblemático da cidade do Rio de Janeiro: a igreja do Outeiro da Glória. Se hoje, no início do século XXI, essa região perdeu sua importância social e econômica, ela está para sempre preservada na literatura nacional do século XIX, por ter sido cenário de histórias que a tinham como paisagem.

O perfil de Lúcia é construído, física e psicologicamente, com uma rica adjetivação, metaforizada para realçar, por meio do seu retrato psicológico, os contrastes dos valores morais que a personagem encarna entre santa e pecadora, realçando, assim, seus atributos físicos, seu vestuário e seus adornos.

Vejamos os seguintes exemplos: *uma linda moça; um talhe esbelto e de suprema elegância. O vestido que o moldava era cinzento com orlas de veludo castanho e dava esquisito realce a um desses rostos suaves, puros e diáfanos; Ressumbrava na sua muda contemplação doce melancolia e não sei que laivos de tão ingênua castidade; — Não é uma senhora, Paulo! É uma mulher bonita. Queres conhecê-la?...; confundira a máscara hipócrita do vício com o modesto recato da inocência.*

O livro *Lucíola*, publicado em 1862, integra o ciclo dos "perfis de mulher" juntamente com os romances *Diva* e *Senhora*. É um romance urbano que apresenta uma crítica moral às elites que, ao mesmo tempo em que se utilizava da prostituição, fazia-lhe severa restrição, como se pode observar na oposição semântica entre "senhora" e "mulher" no fragmento:

— Quem é esta senhora? perguntei a Sá.

— Não é uma senhora, Paulo! É uma mulher bonita. Queres conhecê-la?... (grifos nossos).

## Sugestão de atividade

Sugerimos que o professor solicite aos alunos um levantamento dos seguintes recursos linguísticos utilizados no fragmento:

**a.** verbos e pronomes que comprovem que o narrador é também personagem;

**b.** verbos e expressões indicadoras de tempo, espaço e modo para compor a narrativa;

**c.** sintagmas nominais (substantivos e adjetivos) para caracterizar a personagem Lúcia.

## 6.3.2 Capitu de *Dom Casmurro*, de Machado de Assis

O segundo perfil feminino a ser analisado é o de Capitu, personagem de *Dom Casmurro*, de Machado de Assis, romance publicado em 1899, cuja história é ambientada no Rio de Janeiro, de 1850.

Machado de Assis (1839-1908) viveu em uma época de profunda mudança política, social e econômica do Brasil. Assistiu à maioridade do Imperador Pedro II; à Abolição da Escravidão; à Proclamação da República; às reformas que mudaram o perfil econômico e social do país, particularmente, da cidade do Rio de Janeiro. Devido ao incremento da vida social, artística e política, com teatros, concertos, saraus, reuniões e festas, a mulher, antes voltada, exclusivamente, para as atividades domésticas, passa a ocupar uma posição de maior destaque na sociedade.

Machado de Assis é considerado o principal escritor brasileiro. Sua longa existência permitiu que atravessasse o Romantismo, Realismo-Parnasianismo e o Simbolismo, morrendo no alvorecer do Modernismo. É possível detectar, em sua vasta obra, a presença desses diversos estilos, numa evolução cronológica natural.

Machado praticou a maioria dos gêneros literários: o teatro, a crítica, a poesia, a crônica, o conto e o romance. Em cada um desses gêneros, legou pelo menos uma obra-prima à literatura brasileira. Contudo, foi com seus contos e romances da última fase que Machado se tornou o divino mestre da prosa brasileira, sobrepairando em um reconhecimento consensual da crítica e do leitor.

A maioria das obras de ficção da segunda metade do século XIX, sob o domínio do Realismo, teve como tema dominante o adultério, por influência do romance francês *Madame Bovary*, de Gustave Flaubert, publicado em 1857. Na literatura portuguesa, não foi diferente. Depois dos romances românticos de Camilo Castelo Branco, cujo apogeu foi *Amor de Perdição*, publicado em 1862, surgiu a extraordinária obra romanesca de Eça de Queirós que adotara o realismo com laivos naturalistas nos seus três grandes romances de repercussão em

Portugal e no Brasil: *O crime do Padre Amaro*, *O primo Basílio* e *Os Maias*. Essas obras geraram grande polêmica literária e moral devido às cenas de adultério, extremamente fortes para a época.

Machado de Assis escreveu uma crítica de grande repercussão sobre *O primo Basílio* que influiu, a partir daí, na produção literária de Eça de Queirós. Assim, na galeria feminina queirosiana, as heroínas dos dois primeiros romances, Amália, de *O crime do Padre Amaro*, e Luísa, de *O primo Basílio*, são antes títeres do que propriamente heroínas. Já Maria Eduarda, de *Os Maias*, é uma forte personagem que, independentemente do fatalismo do seu destino, mantém-se altiva e soberana no universo social em que foi lançada.

A galeria feminina, na obra de Machado de Assis, apresenta uma variedade de perfis. Dos romances lembremo-nos, em *Memórias Póstumas de Brás Cubas*, de Virgília e Marcela, apesar de a figura dominante ser a personagem masculina que dá título à obra. Em *Esaú e Jacó*, a personagem feminina central é Flora que, no transcorrer da narrativa, permanece insegura diante da opção amorosa representada pelos gêmeos, Pedro e Paulo. Dos contos, ressaltemos Conceição, de "Missa do galo", em que, com gestos sutis, a heroína envolve o jovem que aguarda a missa na noite de Natal. Outras tantas mulheres poderiam ser focalizadas no universo machadiano, mas escolhemos Capitu, devido à relevância que essa personagem adquiriu no imaginário brasileiro.

O romance *Dom Casmurro* é a história de um homem de posses, Bento Santiago, e de Capitu, moça humilde, inteligente, com iniciativa, que procura articular maneiras para casar-se com ele, para mudar de estrato social, o que realmente ocorre. No entanto, devido ao ciúme do marido, o casamento acaba. Na velhice, Bentinho, transvestido de Casmurro, escreve suas memórias para tentar compreender por que a mulher que tanto amou o traiu com seu melhor amigo, Escobar. Esse triângulo amoroso de estrutura aparentemente simples é enganoso, pois todo o romance foi construído, propositalmente, em um discurso centrado na ambiguidade, permitindo diferentes leituras, apesar de possuir um único ponto de vista, o de Bentinho/Dom Casmurro. Por isso, a dúvida paira sobre o leitor que vem se interrogando desde o aparecimento da obra: Capitu é culpada ou inocente? Capitu é adúltera ou é o ciúme de Bentinho que a transformou em infiel?

Capitu é uma heroína bem diferente do modelo feminino que imperava na sociedade patriarcal do século XIX. Ela representa duas categorias sociais marginalizadas no Brasil oitocentista: os pobres e as mulheres. Segundo alguns teóricos, a questão central do livro não é o adultério, mas a distinção de classes e o papel da mulher.

O romance *Dom Casmurro* foi construído com o mesmo foco narrativo utilizado por Alencar, em *Lucíola*, ou seja, a história é contada pelo narrador-personagem. Assim, temos um único ponto de vista sobre a narrativa em torno de Bentinho e Capitu, personagens centrais do livro. Contudo há uma diferença fundamental na técnica romanesca: em *Lucíola*, o narrador-personagem segue o tempo cronológico, numa sequência gradativa dos acontecimentos. Já em *Dom Casmurro*, o narrador-personagem anuncia, em um tempo psicológico, os fatos marcantes que lhe vêm à memória:

> O meu fim evidente era atar as duas pontas da vida, e restaurar na velhice a adolescência. Pois, senhor, não consegui recompor o que foi nem o que fui. Em tudo, se o rosto é igual, a fisionomia é diferente. Se só me faltassem os outros, vá; um homem consola-se mais ou menos das pessoas que perde; mas falto eu mesmo, e esta lacuna é tudo.
>
> Fonte: ASSIS, Machado de. *Dom Casmurro*. Fixação de textos e notas de Manoel Marivaldo Santiago Almeida; prefácio John Gledson. São Paulo: Globo, 2008, p. 41.

## I - Leitura do texto

### CAPÍTULO XXXII / OLHOS DE RESSACA
Machado de Assis

Tudo era matéria às curiosidades de Capitu. Caso houve, porém, no qual não sei se aprendeu ou ensinou, ou se fez ambas as coisas, como eu. É o que contarei no outro Capítulo. Neste direi somente que, passados alguns dias do ajuste com o agregado, fui ver a minha amiga; eram dez horas da manhã. D. Fortunata, que estava no quintal, nem esperou que eu lhe perguntasse pela filha.

– Está na sala penteando o cabelo, disse-me; vá devagarzinho para lhe pregar um susto.

Fui devagar, mas ou o pé ou o espelho traiu-me. Este pode ser que não fosse; era um espelhinho de pataca (perdoai a barateza), comprado a um mascate italiano, moldura tosca, argolinha de latão, pendente da parede, entre as duas janelas. Se não foi ele, foi o pé. Um ou outro, a verdade é que, apenas entrei na sala, pente, cabelos, toda ela voou pelos ares, e só lhe ouvi esta pergunta:

– Há alguma coisa?

– Não há nada, respondi; vim ver você antes que o Padre Cabral chegue para a lição. Como passou a noite?

– Eu bem. José Dias ainda não falou?

– Parece que não.

– Mas então quando fala?

– Disse-me que hoje ou amanhã pretende tocar no assunto; não vai logo de pancada, falará assim por alto e por longe, um toque. Depois, entrará em matéria. Quer primeiro ver se mamãe tem a resolução feita...

– Que tem, tem, interrompeu Capitu. E se não fosse preciso alguém para vencer já, e de todo, não se lhe falaria. Eu já nem sei se José Dias poderá influir tanto; acho que fará tudo, se sentir que você realmente não quer ser padre, mas poderá alcançar...? Ele é atendido; se, porém... É um inferno isto! Você teime com ele, Bentinho.

– Teimo; hoje mesmo ele há de falar.
– Você jura?
– Juro. Deixe ver os olhos, Capitu.

Tinha-me lembrado a definição que José Dias dera deles, "olhos de cigana oblíqua e dissimulada." Eu não sabia o que era oblíqua, mas dissimulada sabia, e queria ver se podiam chamar assim. Capitu deixou-se fitar e examinar. Só me perguntava o que era, se nunca os vira, eu nada achei de extraordinário; a cor e a doçura eram minhas conhecidas. A demora da contemplação creio que lhe deu outra ideia do meu intento; imaginou que era um pretexto para mirá-los mais de perto, com os meus olhos longos, constantes, enfiados neles, e a isto atribuo que entrassem a ficar crescidos, crescidos e sombrios, com tal expressão que...

Retórica dos namorados, dá-me uma comparação exata e poética para dizer o que foram aqueles olhos de Capitu. Não me acode imagem capaz de dizer, sem quebra da dignidade do estilo, o que eles foram e me fizeram. Olhos de ressaca? Vá, de ressaca. É o que me dá ideia daquela feição nova. Traziam não sei que fluido misterioso e enérgico, uma força que arrastava para dentro, como a vaga que se retira da praia, nos dias de ressaca. Para não ser arrastado, agarrei-me às outras partes vizinhas, às orelhas, aos braços, aos cabelos espalhados pelos ombros, mas tão depressa buscava as pupilas, a onda que saía delas vinha crescendo, cava e escura, ameaçando envolver-me, puxar-me e tragar-me. Quantos minutos gastamos naquele jogo? Só os relógios do céu terão marcado esse tempo infinito e breve. A eternidade tem as suas pêndulas; nem por não acabar nunca deixa de querer saber a duração das felicidades e dos suplícios.

Há de dobrar o gozo aos bem-aventurados do céu conhecer a soma dos tormentos que já terão padecido no inferno os seus inimigos; assim também a quantidade das delícias que terão gozado no céu os seus desafetos aumentará as dores aos condenados do inferno. Este outro suplício escapou ao divino Dante; mas eu não estou aqui para emendar poetas. Estou para contar que, ao cabo de um tempo não marcado, agarrei-me definitivamente aos cabelos de Capitu, mas então com as mãos, e disse-lhe, – para dizer alguma cousa, – que era capaz de os pentear, se quisesse.

–Você?

–Eu mesmo.

–Vai embaraçar-me o cabelo todo, isso sim.

–Se embaraçar, você desembaraça depois.

–Vamos ver.

Fonte: ASSIS, Machado de. *Dom Casmurro*. Fixação de texto e notas Manoel Mourivaldo Santiago Almeida; prefácio John Gledson. São Paulo: Globo, 2008, p. 96-98.

**II - Estudo do texto**

No fragmento selecionado, descrevem-se as características que tornam Capitu sedutora, dominadora, capaz de envolver e conquistar Bentinho. O narrador demonstra isso ao relembrar a frase de José Dias: "olhos de cigana oblíqua e dissimulada." É pelos olhos de Capitu que Bentinho começa a ver a vida. Esses mesmos olhos, que o atraíram para a mulher que seria seu grande amor, mais tarde se tornariam "olhos de ressaca", que o arrastarão para a infelicidade conjugal. No trecho,

Traziam não sei que fluido misterioso e enérgico, uma força que arrastava para dentro, como a vaga que se retira da praia, nos dias de ressaca. Para não ser arrastado, agarrei-me às outras partes vizinhas, às orelhas, aos braços, aos cabelos espalhados pelos ombros, mas tão depressa buscava as pupilas, a onda que saía delas vinha crescendo, cava e escura, ameaçando envolver-me, puxar-me e tragar-me.

os adjetivos "misterioso" e "enérgico" e a força dos movimentos, expressa pelas formas verbais "arrastava", "ameaçando envolver", "puxar", "tragar", mostram o poder de Capitu frente à fragilidade de Bentinho.

Assim, a metáfora dos olhos sedutores se junta à metáfora dos cabelos, que tem longa tradição na cultura ocidental, desde quando, na passagem bíblica, Dalila seduziu e cortou os cabelos de Sansão, destruindo-lhe a vida.

Outra referência intertextual, nesse fragmento, é ao "inferno" de *A divina comédia*, de Dante Alighieri, em que Bentinho aproxima seus sofrimentos de amor ao descrito pelo poeta italiano.

Pode-se lembrar também que esse fragmento é indicativo da opção do narrador-personagem em contar, em mais de 70% da história, não a vida adulta do casal, mas aquele momento especial da adolescência de ambos, em que o amor desabrochava em sua pureza sem mácula.

É importante o professor despertar nos alunos o interesse para a leitura integral do romance *Dom Casmurro*. Além disso, poderá propor a exibição de um dos filmes baseados nesse romance:

"Capitu" – 1968 (90min). Direção: Paulo César Saraceni;
"Dom" – 2003 (91min). Direção: Moacyr Góes.

## Sugestão de atividades

**A.** O professor poderá solicitar que os alunos façam um levantamento

**a.** dos substantivos concretos e abstratos que se referem a Capitu;
**b.** dos adjetivos e locuções adjetivas relativos à caracterização da personagem Capitu, à opinião do narrador-personagem sobre ela e suas atitudes.

**B.** Poderá também pedir que expliquem

**a.** as figuras de linguagem mais relevantes desse fragmento, como as metáforas "olhos de cigana oblíqua e dissimulada" e "olhos de ressaca";

**b.** o emprego dos travessões.

### 6.3.3 Gabriela de *Gabriela, cravo e canela*, de Jorge Amado

O terceiro perfil feminino a ser comentado é o de Gabriela, personagem de *Gabriela, cravo e canela*, de Jorge Amado, romance publicado em 1958, cuja história é ambientada na zona cacaueira da Bahia, particularmente Ilhéus, em 1925, quando se inicia o ciclo de ouro do cacau.

Jorge Amado é considerado o mais famoso romancista brasileiro do século XX. Antes dele, a literatura brasileira não tivera tanta projeção internacional como passou a ter a partir do aparecimento dos seus livros. Somente quando o escritor carioca Paulo Coelho entra em cena é que Jorge Amado é ultrapassado em número de edições e vendagens, em diferentes línguas.

Jorge Amado nasceu numa fazenda de cacau, em Itabuna, na Bahia, em 1912. Estudou em Salvador e formou-se em Direito no Rio de Janeiro. Foi um escritor precoce, pois aos 15 anos começou a colaborar na imprensa da capital do seu estado. Aos 19 anos, publicou seu primeiro romance, *O país do carnaval* (1931). Lançou a seguir, quase ano após ano, uma série deles: *Cacau* (1933), *Suor* (1934), *Jubiabá* (1935), *Mar Morto* (1936) e *Capitães de Areia* (1937).

Um fator relevante na narrativa de Jorge Amado, em todas as suas fases, é a presença constante do sincretismo religioso em que a mistura de religiões, originalíssima na Bahia, é partícipe do cotidiano.

A primeira fase amadiana está voltada para o povo baiano com sua miscigenação e sincretismo religioso com laivos políticos que se aprofundaram, na fase seguinte, dominada pelo chamado realismo socialista que teve em *ABC de Castro Alves* (1941) e *O cavaleiro da esperança* (1942), sobre a vida de Luís Carlos Prestes, o seu apogeu. A terceira fase do vasto painel social construído por Amado inicia-se com a publicação de *Gabriela, cravo e canela* (1958), seguida por *A morte e a morte de Quincas Berro Dágua* (1961) e vai num crescendo com diferentes figuras femininas que emblematizam sua saga romanesca: Gabriela, Dona Flor, Tereza Batista, Tieta do Agreste.

A última fase está centrada em fortes personagens femininas que enfeitiçaram o imaginário brasileiro. Nela a crítica política continua presente, mas sem dogmatismo ideológico, e a narrativa passa a ser dominada pelo humor e pela sátira em ambiente de grande sensualidade.

O romance *Gabriela, cravo e canela* tem como enredo uma disputa político-econômica em torno do cacau, formando um realista quadro de costumes da época. De um lado, estão os fazendeiros tradicionalistas, ligados ao governo do estado, que defendem que a exportação de cacau continue a sair pelas docas de Salvador; do outro, os novos exportadores que querem modernizar a cidade de Ilhéus e ampliar seu porto para dele exportar diretamente a safra.

A personagem principal desse romance é o negociante sírio Nacib. Obra com grande número de personagens, transforma-se com o aparecimento de Gabriela. Apesar do pouco destaque no enredo, ela o domina avassaladoramente, devido à sua beleza morena cor de canela, seus cabelos negros encaracolados, o perfume de cravo que emana do seu corpo aureolado, sua alegria e sensualidade.

*Gabriela, cravo e canela* é o livro de Jorge Amado mais famoso e com o maior número de traduções. Foi adaptado como novela das televisões Tupi e Globo e transposto para o cinema, a música e as artes plásticas.

## I - Leitura do texto

**Gabriela, cravo e canela**
Jorge Amado

Enfiou a chave na fechadura, arfando da subida, a sala estava iluminada. Seria ladrão? Ou bem a nova empregada esquecera de fechar a luz?

Entrou de mansinho e a viu dormindo numa cadeira, os cabelos longos espalhados nos ombros. Depois de lavados e penteados tinham-se transformado em cabeleira solta, negra, encaracolada. Vestia trapos, mas limpos, certamente os da trouxa. Um rasgão na saia mostrava um pedaço de coxa cor de canela, os seios subiam e desciam levemente ao ritmo do sono, o rosto sorridente.

— Meu Deus! — Nacib ficou parado sem acreditar.

A espiá-la, num espanto sem limites, como tanta boniteza se escondera sob a poeira dos caminhos? Caído o braço roliço, o rosto moreno sorrindo no sono, ali, adormecida na cadeira, parecia um quadro. Quantos anos teria? Corpo de mulher jovem, feições de menina.

— Meu Deus, que coisa! — murmurou o árabe quase devotamente.

Ao som de sua voz, ela despertou amedrontada, mas logo sorriu e toda a sala pareceu sorrir com ela. Pôs-se de pé, as mãos ajeitando os trapos que vestia, humilde e clara como um pouco de luar.

— Por que não deitou, não foi dormir? — foi tudo que Nacib acertou dizer.

— O moço não disse nada...

— Que moço?

— O senhor... Já lavei roupa, arrumei a casa. Depois fiquei esperando, peguei no sono — uma voz cantada de nordestina.

Dela vinha um perfume de cravo, dos cabelos talvez, quem sabe do cangote.

— Você sabe mesmo cozinhar?

Luz e sombra em seu cabelo, os olhos baixos, o pé direito alisando o assoalho como se fosse sair a dançar.

— Sei, sim senhor. Trabalhei em casa de gente rica, me ensinaram. Até gosto de cozinhar... — sorriu e tudo sorriu com ela, até o árabe deixando-se cair numa cadeira.

— Se você sabe mesmo cozinhar, lhe faço um ordenadão. Cinquenta mil-réis por mês. Aqui pagam vinte, trinta é o mais. Se o serviço lhe parecer pesado, pode arranjar uma menina para lhe ajudar. A velha Filomena não queria nenhuma, nunca aceitou. Dizia que não estava morrendo para precisar de ajudante.

— Também não preciso.

— E o ordenado? Que me diz?

— O que o moço quiser pagar, tá bom pra mim...

— Vamos ver a comida amanhã. Na hora do almoço mando o moleque buscar... Como mesmo no bar. Agora...

Ela estava esperando, o sorriso nos lábios, a réstia de luar nos seus cabelos e aquele cheiro de cravo.

— ... agora vá dormir que já é tarde.

Ela foi saindo, ele espiou-lhe as pernas, o balanço do corpo no andar, o pedaço de coxa cor de canela. Ela voltou o rosto:

— Pois boa noite, seu moço...

Desaparecia no escuro do corredor, Nacib pareceu ouvi-la acrescentar, mastigando as palavras: "moço bonito..." Levantou-se quase a chamá-la. Não, fora à tarde na feira que ela dissera. Se a chamasse, poderia assustá-la, ela tinha um ar ingênuo, talvez até fosse moça donzela... Havia tempo para tudo. Nacib tirou o paletó, pendurou na cadeira, arrancou a camisa. O perfume ficara na sala, um perfume de cravo. No dia seguinte compraria um vestido para ela, de chita, umas chinelas também. Daria de presente sem descontar no ordenado.

Sentou-se na cama desabotoando os sapatos. Dia complicado aquele. Muita coisa acontecera. Vestiu o camisolão. Morena e tanto, essa sua empregada. Uns olhos, meu Deus... E da cor queimada que ele gostava. Deitou-se, apagou a luz.

Fonte: AMADO, Jorge. *Gabriela, cravo e canela*. Quatro mulheres, quatro romances. Rio de Janeiro: Nova Aguilar, 1989, p. 110-11.

## II - Estudo do texto

No fragmento selecionado do romance *Gabriela, cravo e canela*, narra-se o encontro de Nacib e Gabriela, uma retirante que chegara suja e maltrapilha do sertão. O comerciante sírio ao vê-la de banho tomado descobre uma outra mulher que o assusta pela beleza que não pudera perceber no primeiro contato.

Nesse texto pode-se observar a técnica de construção romanesca que caracteriza a narrativa de Jorge Amado, em que a história é contada por um narrador onisciente que conhece toda a trama, mas que dela não participa, intercalada com pequenos diálogos entre as duas personagens centrais do livro.

É um romance de estrutura linear com tempo, espaço e ação bem definidos pela voz do narrador em terceira pessoa. O universo em que transcorrem as peripécias romanescas revela como essa figura feminina ultrapassa os limites da sua condição social, ascendendo a um novo patamar através do amor. Essa é uma característica que dominará a última fase dos romances de Jorge Amado. Por meio do amor, suas sensuais heroínas conquistam não só os homens, mas também o seu poder de mando.

A narrativa se intercala com descrição e diálogos vivos em que, sabiamente, as personagens adquirem uma aparência de plena humanidade. Esse fragmento, sob muitos aspectos, é o retrato mais perfeito da mulher Gabriela que conquistou Nacib pelo cheiro, pela cor, pelo tempero, numa refração sinestésica em que o seu celebrado sorriso domina o universo que a circunda.

Para despertar nos alunos o interesse para a leitura integral do romance *Gabriela, cravo e canela,* o professor poderá propor a exibição do filme baseado nesse romance: "Gabriela, cravo e canela" – 1983 (102min). Direção: Bruno Barreto.

### Sugestão de atividades

O professor poderá propor também aos alunos o seguinte exercício:

**A.** O romance é um gênero textual que se caracteriza pelo predomínio da narração, mas a descrição de personagens e de lugares é muito comum nesse gênero. Destaque do texto uma passagem descritiva.

**B.** A adjetivação tem papel importante na descrição de seres e objetos. Retire do texto os adjetivos empregados na caracterização da personagem Gabriela.

**C.** Nesse trecho predominam verbos nos pretéritos perfeito e imperfeito do indicativo. Indique a relação entre esses tempos verbais e os modos de organização narrativo e descritivo.

**D.** No texto de base narrativa, as noções de tempo (quando ocorre a ação) e espaço (onde ocorre a ação) são marcadas por recursos linguísticos. Retire do fragmento lido palavras e expressões indicadoras de tempo e de lugar.

Para finalizar, depois do panorama em torno desses escritores e da análise dos três fragmentos, seria oportuno que o professor conduzisse os alunos a perceberem como esses romances se inserem nos movimentos literários de sua época. Os diferentes estilos obrigaram os autores a empregar linguagens e técnicas narrativas diferentes para moldar o perfil das três heroínas — Lúcia, Capitu e Gabriela. Contudo, é surpreendente que, com a distância de mais de um século e diferentes valores morais, essas personagens tenham utilizado a beleza física como instrumento de ascensão social.

## 7. Enem: competências e habilidades

O Enem foi criado em 1998 pelo Ministério da Educação para avaliar a qualidade do ensino médio no país, com vista à elaboração de políticas governamentais para a melhoria do ensino brasileiro. Posteriormente, esse exame passou a ser utilizado como exame de acesso ao ensino superior, substituindo em muitas instituições de ensino o exame vestibular. Na primeira versão do Enem, a prova constava de 63 questões e uma redação que eram resolvidas em um único dia. Esse modelo foi utilizado desde a sua implantação, em 1998, até 2008.

Em 2009, o Ministério da Educação propôs um novo modelo de prova, desenvolvido com base em habilidades e conteúdos mais relevantes, com o objetivo não só de unificar o vestibular das universidades federais, mas também de definir a política educacional e o conteúdo mais adequado ao ensino médio.

O novo Enem passou a ter uma redação e 180 questões de múltipla escolha, aplicadas em dois dias de prova, distribuídas da seguinte maneira:

- 45 questões de Ciências da Natureza e suas Tecnologias: Química, Física e Biologia;
- 45 questões de Ciências Humanas e suas Tecnologias: História, Geografia, Filosofia e Sociologia;
- 45 questões de Linguagens, Códigos e suas Tecnologias e redação: Língua Portuguesa, Literatura, Língua Estrangeira (Inglês ou Espanhol), Artes, Educação Física e Tecnologias da informação e comunicação;
- 45 questões de Matemática e suas Tecnologias: Matemática.

Esse novo Enem adotou, para a análise dos resultados, a Teoria de Resposta ao Item (TRI), o que permite que as notas obtidas em diferentes edições do exame sejam comparadas[10].

A prova do Enem também é feita por pessoas com interesse em ganhar bolsas integrais ou parciais em universidades particulares através do Programa Universidade para Todos ( ProUni).

A partir de 2009, o exame passou a servir ainda como certificação de conclusão do ensino médio em cursos de Educação de Jovens e Adultos (EJA), antigo supletivo, substituindo o Exame Nacional para Certificação de Competências de Jovens e Adultos (Encceja).

O Enem vem-se transformando em sistema de seleção para ingresso nas universidades federais, estaduais e particulares.

## 7.1 Matriz de referência

A Matriz de Referência do Enem[11] se estrutura a partir de cinco eixos cognitivos, comuns a todas as áreas do conhecimento; e de competências e habilidades específicas para cada uma das áreas. A seguir transcreveremos os eixos cognitivos e a Matriz de Referência de Linguagens, Códigos e suas Tecnologias.

---

[10] Na TRI, leva-se em conta para o cálculo da nota não apenas o número de acertos do candidato, mas o nível de dificuldade de cada item. Uma questão que teve baixo índice de acertos é considerada "difícil" e, portanto, tem mais peso na pontuação final. Aquelas que têm alto índice de acertos são classificadas como "fáceis" e contam menos pontos na nota final. Dessa forma, dois participantes que acertaram o mesmo número de itens podem ter médias finais diferentes.
Disponível em: <http://download.inep.gov.br/educacao_basica/enem/nota_tecnica/2011/nota_tecnica_procedimento_de_calculo_das_notas_enem_2.pdf>. Acesso em 4 de março 2012.

[11] Disponível em: <http://download.inep.gov.br/educacao_basica/enem/edital/2011/edital_n07_18_05_2011_2.pdf>. Acesso em 11 mar. 2012.

**Eixos Cognitivos**[12] **(comuns a todas as áreas de conhecimento)**

**I. Dominar linguagens (DL):** dominar a norma culta da Língua Portuguesa e fazer uso das linguagens matemática, artística e científica e das línguas espanhola e inglesa.

**II. Compreender fenômenos (CF):** construir e aplicar conceitos das várias áreas do conhecimento para a compreensão de fenômenos naturais, de processos histórico-geográficos, da produção tecnológica e das manifestações artísticas.

**III. Enfrentar situações-problema (SP):** selecionar, organizar, relacionar, interpretar dados e informações representados de diferentes formas, para tomar decisões e enfrentar situações-problema.

**IV. Construir argumentação (CA):** relacionar informações, representadas em diferentes formas, e conhecimentos disponíveis em situações concretas, para construir argumentação consistente.

**V. Elaborar propostas (EP):** recorrer aos conhecimentos desenvolvidos na escola para elaboração de propostas de intervenção solidária na realidade, respeitando os valores humanos e considerando a diversidade sociocultural.

**Matriz de Referência de Linguagens, Códigos e suas Tecnologias**

**Competência de área 1 - Aplicar as tecnologias da comunicação e da informação na escola, no trabalho e em outros contextos relevantes para sua vida.**

H1 - Identificar as diferentes linguagens e seus recursos expressivos como elementos de caracterização dos sistemas de comunicação.

---

[12] Eixo Cognitivo é um conjunto de conteúdos e competências que o aluno armazena ao longo de sua vida escolar, para a resolução de situações-problema.

H2 - Recorrer aos conhecimentos sobre as linguagens dos sistemas de comunicação e informação para resolver problemas sociais.

H3 - Relacionar informações geradas nos sistemas de comunicação e informação, considerando a função social desses sistemas.

H4 - Reconhecer posições críticas aos usos sociais que são feitos das linguagens e dos sistemas de comunicação e informação.

**Competência de área 2 - Conhecer e usar língua(s) estrangeira(s) moderna(s) como instrumento de acesso a informações e a outras culturas e grupos sociais.**

H5 - Associar vocábulos e expressões de um texto em LEM[13] ao seu tema.

H6 - Utilizar os conhecimentos da LEM e de seus mecanismos como meio de ampliar as possibilidades de acesso a informações, tecnologias e culturas.

H7 - Relacionar um texto em LEM, as estruturas linguísticas, sua função e seu uso social.

H8 - Reconhecer a importância da produção cultural em LEM como representação da diversidade cultural e linguística.

**Competência de área 3 - Compreender e usar a linguagem corporal como relevante para a própria vida, integradora social e formadora da identidade.**

H9 - Reconhecer as manifestações corporais de movimento como originárias de necessidades cotidianas de um grupo social.

H10 - Reconhecer a necessidade de transformação de hábitos corporais em função das necessidades sinestésicas.

H11 - Reconhecer a linguagem corporal como meio de interação social, considerando os limites de desempenho e as alternativas de adaptação para diferentes indivíduos.

---

[13] LEM (Língua Estrangeira Moderna).

**Competência de área 4 - Compreender a arte como saber cultural e estético gerador de significação e integrador da organização do mundo e da própria identidade.**
H12 - Reconhecer diferentes funções da arte, do trabalho da produção dos artistas em seus meios culturais.
H13 - Analisar as diversas produções artísticas como meio de explicar diferentes culturas, padrões de beleza e preconceitos.
H14 - Reconhecer o valor da diversidade artística e das inter-relações de elementos que se apresentam nas manifestações de vários grupos sociais e étnicos.

**Competência de área 5 - Analisar, interpretar e aplicar recursos expressivos das linguagens, relacionando textos com seus contextos, mediante a natureza, função, organização, estrutura das manifestações, de acordo com as condições de produção e recepção.**
H15 - Estabelecer relações entre o texto literário e o momento de sua produção, situando aspectos do contexto histórico, social e político.
H16 - Relacionar informações sobre concepções artísticas e procedimentos de construção do texto literário.
H17 - Reconhecer a presença de valores sociais e humanos atualizáveis e permanentes no patrimônio literário nacional.

**Competência de área 6 - Compreender e usar os sistemas simbólicos das diferentes linguagens como meios de organização cognitiva da realidade pela constituição de significados, expressão, comunicação e informação.**
H18 - Identificar os elementos que concorrem para a progressão temática e para a organização e estruturação de textos de diferentes gêneros e tipos.
H19 - Analisar a função da linguagem predominante nos textos em situações específicas de interlocução.

H20 - Reconhecer a importância do patrimônio linguístico para a preservação da memória e da identidade nacional.

**Competência de área 7 - Confrontar opiniões e pontos de vista sobre as diferentes linguagens e suas manifestações específicas.**

H21 - Reconhecer, em textos de diferentes gêneros, recursos verbais e não verbais utilizados com a finalidade de criar e mudar comportamentos e hábitos.

H22 - Relacionar, em diferentes textos, opiniões, temas, assuntos e recursos linguísticos.

H23 - Inferir em um texto quais são os objetivos de seu produtor e quem é seu público-alvo, pela análise dos procedimentos argumentativos utilizados.

H24 - Reconhecer no texto estratégias argumentativas empregadas para o convencimento do público, tais como a intimidação, sedução, comoção, chantagem, entre outras.

**Competência de área 8 - Compreender e usar a língua portuguesa como língua materna, geradora de significação e integradora da organização do mundo e da própria identidade.**

H25 - Identificar, em textos de diferentes gêneros, as marcas linguísticas que singularizam as variedades linguísticas sociais, regionais e de registro.

H26 - Relacionar as variedades linguísticas a situações específicas de uso social.

H27 - Reconhecer os usos da norma padrão da língua portuguesa nas diferentes situações de comunicação.

**Competência de área 9 - Entender os princípios, a natureza, a função e o impacto das tecnologias da comunicação e da informação na sua vida pessoal e social, no desenvolvimento do conhecimento, associando-o aos conhecimentos científicos, às linguagens que lhes dão suporte, às demais

**tecnologias, aos processos de produção e aos problemas que se propõem solucionar.**

H28 - Reconhecer a função e o impacto social das diferentes tecnologias da comunicação e informação.

H29 – Identificar, pela análise de suas linguagens, as tecnologias da comunicação e informação.

H30 - Relacionar as tecnologias de comunicação e informação ao desenvolvimento das sociedades e ao conhecimento que elas produzem.

## 7.2 Comentários de questões objetivas

Comentaremos, a seguir, dez questões de Língua Portuguesa e de Literatura da área de Linguagens, Códigos e suas Tecnologias, da prova do Enem 2011. Escolhemos questões do caderno amarelo e mantivemos a numeração que cada uma recebeu nele.

Para responder corretamente, o aluno precisa ler com atenção o texto, o enunciado da questão e as cinco alternativas, buscando identificar a correta e descartar as incorretas, porque muitas vezes chega-se à correta pela eliminação das incorretas.

**QUESTÃO 99**

A discussão sobre "o fim do livro de papel" com a chegada da mídia eletrônica me lembra a discussão idêntica sobre a obsolescência do folheto de cordel. Os folhetos talvez não existam mais daqui a 100 ou 200 anos, mas, mesmo que isso aconteça, os poemas de Leandro Gomes de Barros ou Manuel Camilo dos Santos continuarão sendo publicados e lidos — em CD-ROM, em livro eletrônico, em "chips quânticos", sei lá o quê. O texto é uma espécie de alma imortal, capaz de reencarnar em corpos variados: página impressa, livro em Braille, folheto, *"coffee-table book"*, cópia manuscrita, arquivo PDF... Qualquer texto pode se reencarnar nesses (e em outros) formatos, não importa se é *Moby Dick* ou *Viagem a São Saruê*, se é *Macbeth* ou *O livro de piadas de Casseta & Planeta*.

TAVARES, B. Disponível em: <http://jornaldaparaiba.globo.com>.

Ao refletir sobre a possível extinção do livro impresso e o surgimento de outros suportes em via eletrônica, o cronista manifesta seu ponto de vista, defendendo que

A. o cordel é um dos gêneros textuais, por exemplo, que será extinto com o avanço da tecnologia.

B. o livro impresso permanecerá como objeto cultural veiculador de impressões e de valores culturais.

C. o surgimento da mídia eletrônica decretou o fim do prazer de se ler textos em livros e suportes impressos.

D. os textos continuarão vivos e passíveis de reprodução em novas tecnologias, mesmo que os livros desapareçam.

E. os livros impressos desaparecerão e, com eles, a possibilidade de se ler obras literárias dos mais diversos gêneros.

**Comentários**:
Alternativa correta é a D.

O texto desta questão retoma uma discussão polêmica entre diferentes segmentos da sociedade: se o livro impresso em papel sobreviverá na era da Web. O surgimento e a expansão de e-books, livros digitais, estão obrigando o mercado editorial, em todo o mundo, a se preparar para comercializar o texto em diferentes suportes eletrônicos além do papel. Portanto, levar para a sala de aula a discussão sobre um assunto tão polêmico da atualidade quanto o livro digital permite ao aluno estar em sintonia com o seu tempo.

O enunciado da questão solicita que o aluno identifique que o ponto de vista defendido pelo cronista é de que "os textos continuarão vivos e passíveis de reprodução em novas tecnologias, mesmo que os livros desapareçam", porque "o texto é uma espécie de alma imortal" que independe do suporte.

As demais alternativas estão incorretas porque o autor não diz que "o cordel é um dos gêneros que será extinto" (A); nem que "o livro impresso permanecerá como objeto cultural" (B); nem tampouco que "o surgimento da mídia eletrônica decretou o fim do prazer de se ler textos em livros" (C); nem que os "livros impressos desaparecerão" (E).

**QUESTÃO 101**

**TEXTO I**
O meu nome é Severino,
não tenho outro de pia.
Como há muitos Severinos,
que é santo de romaria,
deram então de me chamar
Severino de Maria;
como há muitos Severinos
com mães chamadas Maria,
fiquei sendo o da Maria
do finado Zacarias
mas isso ainda diz pouco:
há muitos na freguesia,
por causa de um coronel
que se chamou Zacarias
e que foi o mais antigo
senhor desta sesmaria.
Como então dizer quem fala
ora a Vossas Senhorias?

MELO NETO, J. C. "O retirante explica ao leitor quem é e a que vai". In: *Morte e vida Severina*. Rio de Janeiro: Alfaguara, 2007. (fragmento)

**TEXTO II**

João Cabral, que já emprestara sua voz ao rio, transfere-a, aqui, ao retirante Severino, que, como o Capibaribe, também segue no caminho do Recife. A autoapresentação do personagem, na fala inicial do texto, nos mostra um Severino que, quanto mais se define, menos se individualiza, pois seus traços biográficos são sempre partilhados por outros homens.

SECCHIN, A. C. *João Cabral: a poesia do menos*. Rio de Janeiro: Topbooks, 1999. (fragmento)

Com base no trecho de *Morte e Vida Severina* (Texto I) e na análise crítica (Texto II), observa-se que a relação entre o texto poético e o contexto social a que ele faz referência aponta para um problema social expresso literariamente pela pergunta "Como então dizer quem fala / ora a Vossas Senhorias? A resposta à pergunta expressa no poema é dada por meio da

**A.** descrição minuciosa dos traços biográficos do personagem-narrador.
**B.** construção da figura do retirante nordestino como um homem resignado com a sua situação.
**C.** representação, na figura do personagem-narrador, de outros Severinos que compartilham sua condição.
**D.** apresentação do personagem-narrador como uma projeção do próprio poeta, em sua crise existencial.
**E.** descrição de Severino, que, apesar de humilde, orgulha-se de ser descendente do coronel Zacarias.

**Comentários:**
Alternativa correta é a C.

O texto I desta questão, fragmento de *Morte e Vida Severina*, auto de Natal pernambucano, de João Cabral de Melo Neto, ficou célebre no Brasil por sua encenação com música de Chico Buarque, ao ganhar o Prêmio do Festival Mundial do Teatro de Nancy, na França, nos anos 60 do século XX.

Essa fala inicial de Severino é um retrato atualizado da denúncia das miseráveis condições sociais a que era relegada grande parte da população do Nordeste brasileiro, já denunciada, com ênfase, desde *Os Sertões*, de Euclides da Cunha, até a chamada "Geração do Romance de 30", representada, entre outros, por Graciliano Ramos, Rachel de Queirós, José Lins do Rego.

No segundo texto, fragmento ensaístico de Antonio Carlos Secchin, o mais importante especialista na obra de João Cabral explica a fala de Severino, mostrando o seu sentido coletivo, ao reafirmar a denúncia social contra a postura individualista.

O enunciado da questão solicita que o aluno identifique que a resposta à pergunta formulada nos dois últimos versos do poema "Como então dizer quem fala / ora a Vossas Senhorias?" é dada pelo personagem-narrador, ao se identificar com "outros Severinos, que partilham da sua mesma condição social".

## QUESTÃO 103

O hipertexto refere-se à escritura eletrônica não sequencial e não linear, que se bifurca e permite ao leitor o acesso a um número praticamente ilimitado de outros textos a partir de escolhas locais e sucessivas, em tempo real. Assim, o leitor tem condições de definir interativamente o fluxo de sua leitura a partir de assuntos tratados no texto sem se prender a uma sequência fixa ou a tópicos estabelecidos por um autor. Trata-se de uma forma de estruturação textual que faz do leitor simultaneamente coautor do texto final. O hipertexto se caracteriza, pois, como um processo de escritura/leitura eletrônica multilinearizado, multissequencial e indeterminado, realizado em um novo espaço de escrita. Assim, ao permitir vários níveis de tratamento de um tema, o hipertexto oferece a possibilidade de múltiplos graus de profundidade simultaneamente, já que não tem sequência definida, mas liga textos não necessariamente correlacionados.

MARCUSCHI, L. A. Disponível em: <http://pucsp.br>. Acesso em 29 jun. 2011.

O computador mudou nossa maneira de ler e escrever, e o hipertexto pode ser considerado como um novo espaço de escrita e leitura. Definido como um conjunto de blocos autônomos de texto, apresentado em meio eletrônico computadorizado e no qual há remissões associando entre si diversos elementos, o hipertexto

**A.** é uma estratégia que, ao possibilitar caminhos totalmente abertos, desfavorece o leitor, ao confundir os conceitos cristalizados tradicionalmente.
**B.** é uma forma artificial de produção da escrita, que, ao desviar o foco da leitura, pode ter como consequência o menosprezo pela escrita tradicional.
**C.** exige do leitor um maior grau de conhecimentos prévios, por isso deve ser evitado pelos estudantes nas suas pesquisas escolares.
**D.** facilita a pesquisa, pois proporciona uma informação específica, segura e verdadeira, em qualquer *site* de busca ou *blog* oferecidos na internet.
**E.** possibilita ao leitor escolher seu próprio percurso de leitura, sem seguir sequência predeterminada, constituindo-se em atividade mais coletiva e colaborativa.

**Comentários**

Alternativa correta é a E.

O hipertexto se refere à escritura eletrônica que possibilita ao usuário dessa ferramenta escolher de modo rápido o que vai ler, em que sequência, em tempo real. No hipertexto, o receptor não segue a ordem linear da escritura tradicional em papel, e pode acessar um número ilimitado de outros textos, outros autores e outras linguagens, tornando-se, assim, uma espécie de coautor do texto final.

Para responder corretamente à questão, o aluno deveria compreender que o hipertexto mudou a maneira de ler, possibilitando ao leitor a escolha do seu próprio percurso de leitura, sem obedecer a uma sequência pré-determinada como ocorre na escrita linear.

## QUESTÃO 104

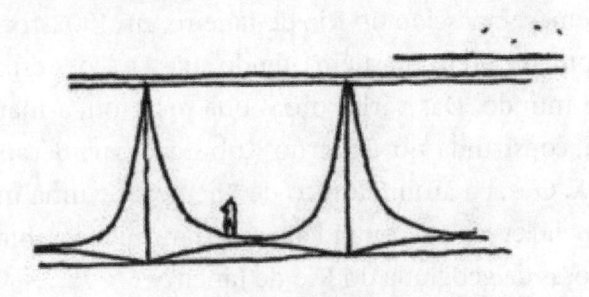

**IMODESTO** *"As colunas do Alvorada podiam ser mais fáceis de construir, sem aquelas curvas. Mas foram elas que o mundo inteiro copiou"*

Utilizadas desde a Antiguidade, as colunas, elementos verticais de sustentação, foram sofrendo modificações e incorporando novos materiais com ampliação de possibilidades. Ainda que as clássicas colunas gregas sejam retomadas, notáveis inovações são percebidas, por exemplo, nas obras de Oscar Niemeyer, arquiteto brasileiro nascido no Rio de Janeiro em 1907. No desenho de Niemeyer, das colunas do Palácio da Alvorada, observa-se

A. a presença de um capitel muito simples, reforçando a sustentação.
B. o traçado simples de amplas linhas curvas opostas, resultando em formas marcantes.
C. a disposição simétrica das curvas, conferindo saliência e distorção à base.
D. a oposição de curvas em concreto, configurando certo peso e rebuscamento.
E. o excesso de linhas curvas, levando a um exagero na ornamentação.

**Comentários**

Alternativa correta é a B.

Oscar Niemeyer, nascido no Rio de Janeiro, em 1907, tornou-se o mais célebre arquiteto brasileiro, tendo suas criações espalhadas por todo o mundo. Das várias obras que projetou, a mais célebre é Brasília, construída no Governo Kubistchek, na década de 50 do século XX. O traço arquitetônico de Niemeyer é uma marca inconfundível pela leveza e sensualidade que transmite, lembrando as curvas amorosas da geografia do Rio de Janeiro.

Para responder corretamente, o aluno precisaria perceber que Niemeyer, inspirado na tradição clássica das colunas gregas, conseguiu, com o seu traço de gênio, transformá-las em simples e leve sustentação que parece voar.

## QUESTÃO 107

**Não tem tradução**

[...]
Lá no morro, se eu fizer uma falseta
A Risoleta desiste logo do francês e do inglês
A gíria que o nosso morro criou
Bem cedo a cidade aceitou e usou
[...]
Essa gente hoje em dia que tem mania de exibição
Não entende que o samba não tem tradução no idioma francês
Tudo aquilo que o malandro pronuncia
Com voz macia é brasileiro, já passou de português
Amor lá no morro é amor pra chuchu
As rimas do samba não são *I love you*
E esse negócio de *alô, alô boy e alô Johnny*

Só pode ser conversa de telefone

ROSA, N. *In:* SOBRAL, João J. V. A tradução dos bambas. *Revista Língua Portuguesa.*
Ano 4, nº 54. São Paulo: Segmento, abr. 2010. (fragmento)

As canções de Noel Rosa, compositor brasileiro de Vila Isabel, apesar de revelarem uma aguçada preocupação do artista com seu tempo e com as mudanças político-culturais do Brasil, no início dos anos 1920, ainda são modernas. Nesse fragmento do samba *Não tem tradução*, por meio do recurso da metalinguagem, o poeta propõe

**A.** incorporar novos costumes de origem francesa e americana, juntamente com vocábulos estrangeiros.
**B.** respeitar e preservar o português padrão como forma de fortalecimento do idioma do Brasil.
**C.** valorizar a fala popular brasileira como patrimônio linguístico e forma legítima de identidade nacional.
**D.** mudar os valores sociais vigentes à época, com o advento do novo e quente ritmo da música popular brasileira.
**E.** ironizar a malandragem carioca, aculturada pela invasão de valores étnicos de sociedades mais desenvolvidas.

**Comentários**

Alternativa correta é a C

Noel Rosa é, ainda hoje, um dos símbolos da canção popular brasileira. Poucos sambistas conseguiram produzir tanto em tão pouco tempo, já que morreu aos 26 anos. Escreveu vasto número de canções, na década de 1930, que o consagraram, ao lado de Vinicius de Moraes e Chico Buarque, como os maiores letristas da música popular brasileira de todos os tempos.

A canção "Não tem tradução" comprova como Noel estava atualizado com as transformações culturais do movimento modernista brasileiro e com os ideais nacionalistas da Revolução de 1930, que propunham, de um lado, a valorização da variante brasileira da língua portuguesa, e, de outro, a defesa dos valores nacionais contra a invasão cultural e econômica franco-anglo-americana, o que está respondido na alternativa correta C.

## QUESTÃO 110

**Texto I**

Toca do Salitre - Piauí
Disponível em: <http://www.fumdham.org.br>. Acesso em: 27 jul. 2010.

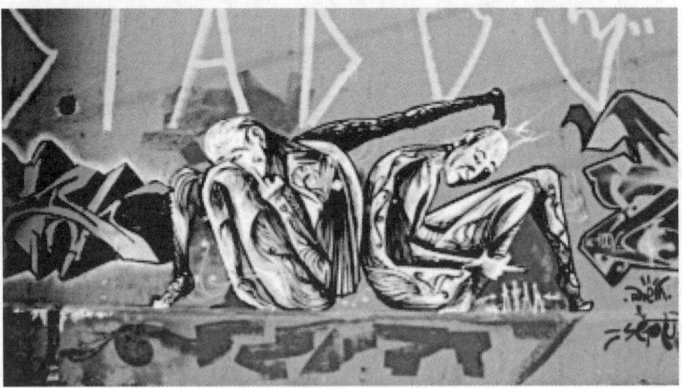

Arte Urbana. Foto: Diego Singh
Disponível em: <http://www.diaadia.pr.gov.br>. Acesso em: 27 jul. 2010.

O grafite contemporâneo, considerado em alguns momentos como uma arte marginal, tem sido comparado às pinturas murais de várias épocas e às escritas pré-históricas. Observando as imagens apresentadas, é possível reconhecer elementos comuns entre os tipos de pinturas murais, tais como

**A.** a preferência por tintas naturais, em razão de seu efeito estético.
**B.** a inovação na técnica de pintura, rompendo com modelos estabelecidos.
**C.** o registro do pensamento e das crenças das sociedades em várias épocas.
**D.** a repetição dos temas e a restrição de uso pelas classes dominantes.
**E.** o uso exclusivista da arte para atender aos interesses da elite.

**Comentários**

Alternativa correta é a C.

As duas imagens que compõem a questão retratam, com a distância de milênios, o ser humano em uma situação cotidiana.

No primeiro quadro, observa-se uma cena de atividades exercidas pelo homem primitivo. Os historiadores da arte denominam esse registro de "arte rupestre", e os arqueólogos preferem designá-lo de "registro rupestre". Para nós brasileiros, é importante lembrar que o Parque Nacional Serra da Capivara, localizado no Estado do Piauí, possui a maior concentração de sítios pré-históricos do continente americano.

No segundo quadro, o desenho foi criado em arte do grafite, manifestação popular contemporânea em espaços públicos urbanos, reproduzidos por meio de pinturas e desenhos realizados em muros e paredes. Nesse grafite observam-se duas personagens em situação de abandono. A cena projeta-se como denúncia social sobre a condição dos excluídos a uma vida digna nas grandes cidades brasileiras.

O aluno para responder corretamente deveria observar que as duas formas de expressão artística têm como objetivo registrar a realidade da sociedade da época em que foi fixada em pintura mural.

## QUESTÃO 118

Quando os portugueses se instalaram no Brasil, o país era povoado de índios. Importaram, depois, da África, grande número de escravos. O Português, o Índio e o Negro constituem, durante o período colonial, as três bases da população brasileira. Mas no que se refere à cultura, a contribuição do Português foi de longe a mais notada.

Durante muito tempo o português e o tupi viveram lado a lado como línguas de comunicação. Era o tupi que utilizavam os bandeirantes nas suas expedições. Em 1694, dizia o Padre Antônio Vieira que "as famílias dos portugueses e índios em São Paulo estão tão ligadas hoje umas com as outras, que as mulheres e os filhos se criaram mística e domesticamente, e a língua que nas ditas famílias se fala é a dos Índios, e a portuguesa a vão os meninos aprender à escola."

<small>TEYSSIER, P. *História da língua portuguesa*. Lisboa: Livraria Sá da Costa, 1984. (adaptado)</small>

A identidade de uma nação está diretamente ligada à cultura de seu povo. O texto mostra que, no período colonial brasileiro, o Português, o Índio e o Negro formaram a base da população e que o patrimônio linguístico brasileiro é resultado da

A. contribuição dos índios na escolarização dos brasileiros.
B. diferença entre as línguas dos colonizadores e as dos indígenas.
C. importância do padre Antônio Vieira para a literatura de língua portuguesa.
D. origem das diferenças entre a língua portuguesa e as línguas tupi.
E. interação pacífica no uso da língua portuguesa e da língua tupi.

**Comentários**

Alternativa correta é a E.

Esse texto, escrito pelo professor francês Paul Teyssier, revela como a língua portuguesa sempre teve, desde o século XVI, amoráveis estudiosos mundo afora.

O Brasil originou-se de uma grande diversidade étnico-linguística. Os portugueses, quando aportaram suas caravelas ao sul da Bahia, encontraram índios, os senhores da terra. A colonização dela se fez com o braço escravo do negro. É nessa mistura entre branco, negro e índio, na terra do açúcar, que as doces lágrimas dos oprimidos constituíram uma nova modalidade do Português, diferente da europeia.

A questão enfatiza a integração linguística entre a língua portuguesa e a língua tupi, ambas línguas de comunicação do período colonial, a primeira como língua de cultura, a segunda como língua geral, conforme comentário do Padre Antônio Vieira, e, finalmente, a vitória da língua portuguesa como língua nacional do Brasil, o que está respondido na alternativa correta E.

## QUESTÃO 119

Abatidos pelo fadinho harmonioso e nostálgico dos desterrados, iam todos, até mesmo os brasileiros, se concentrando e caindo em tristeza; mas, de repente, o cavaquinho de Porfiro, acompanhado pelo violão do Firmo, romperam vibrantemente com um chorado baiano. Nada mais que os primeiros acordes da música crioula para que o sangue de toda aquela gente despertasse logo, como se alguém lhe fustigasse o corpo com urtigas bravas. E seguiram-se outras notas, e outras, cada vez mais ardentes e mais delirantes. Já não eram dois instrumentos que soavam, eram lúbricos gemidos e suspiros soltos em torrente, a correrem serpenteados, como cobras numa floresta incendiada; eram ais convulsos, chorados em frenesi de amor: música feita de beijos e soluços gostosos; carícia de fera, carícia de doer, fazendo estalar de gozo.

AZEVEDO, A. *O Cortiço*. São Paulo: Ática, 1983. (fragmento)

No romance *O Cortiço* (1890) de Aluízio Azevedo, as personagens são observadas como elementos coletivos caracterizados por condicionantes de origem social, sexo e etnia. Na passagem transcrita, o confronto entre brasileiros e portugueses revela prevalência do elemento brasileiro, pois

**A.** destaca o nome de personagens brasileiras e omite o de personagens portuguesas.
**B.** exalta a força do cenário natural brasileiro e considera o do português inexpressivo.
**C.** mostra o poder envolvente da música brasileira, que cala o fado português.
**D.** destaca o sentimentalismo brasileiro, contrário à tristeza dos portugueses.
**E.** atribui aos brasileiros uma habilidade maior com instrumentos musicais.

**Comentários**

Alternativa correta é a C.

O maranhense Aluizio Azevedo é um dos romancistas de destaque do movimento literário Realismo/Naturalismo, na segunda metade do século XIX, no Brasil.

*O Cortiço*, publicado em 1890, é considerada a obra mais representativa do Naturalismo na Literatura Brasileira. Esse romance narra a história de João Romão e Bertoleza, na cidade do Rio de Janeiro, nas últimas décadas do século XIX, em que o Brasil, especialmente a Cidade Maravilhosa, recebia forte fluxo imigratório de portugueses, tendo como panorama político a luta pela Abolição da Escravatura.

O fragmento apresentado nesta questão é típico da prosa do autor em que as emoções estão à flor da pele, em um ambiente onde o erotismo e a forte sensualidade dominam as ações dos personagens que os levam a um extremo paroxismo de sensações.

Para responder corretamente, o aluno precisaria perceber que o fado e a música baiana servem de pano de fundo para a disputa entre brasileiros e portugueses, que se anulava quando ouviam a música brasileira.

As demais estão incorretas, porque não abordam o tema central do fragmento selecionado que é o poder envolvente da música brasileira.

## QUESTÃO 120

### Guardar

Guardar uma coisa não é escondê-la ou trancá-la.
Em cofre não se guarda coisa alguma.
Em cofre perde-se a coisa à vista.
Guardar uma coisa é olhá-la, fitá-la, mirá-la por
admirá-la, isto é, iluminá-la ou ser por ela iluminado.
Guardar uma coisa é vigiá-la, isto é, fazer vigília por
ela, isto é, velar por ela, isto é, estar acordado por ela,
isto é, estar por ela ou ser por ela.
Por isso melhor se guarda o voo de um pássaro
Do que um pássaro sem voos.
Por isso se escreve, por isso se diz, por isso se publica,
por isso se declara e declama um poema:
Para guardá-lo:
Para que ele, por sua vez, guarde o que guarda:
Guarde o que quer que guarda um poema:
Por isso o lance do poema:
Por guardar-se o que se quer guardar.

CÍCERO, A. *In*: MORICONI, I. (org.). *Os cem melhores poemas brasileiros do século*. Rio de Janeiro: Objetiva, 2001.

A memória é um importante recurso do patrimônio cultural de uma nação. Ela está presente nas lembranças do passado e no acervo cultural de um povo. Ao tratar o fazer poético como uma das maneiras de se *guardar o que se quer*, o texto

**A.** ressalta a importância dos estudos históricos para a construção da memória social de um povo.
**B.** valoriza as lembranças individuais em detrimento das narrativas populares ou coletivas.
**C.** reforça a capacidade da literatura em promover a subjetividade e os valores humanos.
**D.** destaca a importância de reservar o texto literário àqueles que possuem maior repertório cultural.
**E.** revela a superioridade da escrita poética como forma ideal de preservação da memória cultural.

**Comentários**

Alternativa correta C.

O poema "Guardar" faz parte do livro do mesmo nome, publicado, em 1996, por Antônio Cícero. Carioca, formado em Filosofia, Antônio Cícero é um conhecido poeta, ensaísta e letrista da música popular brasileira.

O poema "Guardar", considerado um dos cem melhores do século XX, pelo crítico Ítalo Moriconi, tem como tema a impossibilidade de se reter, em qualquer espaço ou limite, alguma coisa que transita além do concreto, como os sentimentos ou emoções expressos no poema. O eu lírico biparte a afirmação/indagação "guardar" em duas vertentes: na primeira, vai do concreto "cofre" ao "voo de um pássaro". Na segunda, a imagem reiterativa "guardar" metaforiza-se no próprio fazer poético que carrega em si a memória de outros poemas que resulta no surgimento de um novo poema.

Para responder corretamente, o aluno deveria perceber que o fazer poético é uma das maneiras de se guardar de maneira literária os valores subjetivos inerentes ao ser humano. As demais estão incorretas porque não abordam a questão central do texto que é destacar a contribuição da poesia para uma visão mais humanizada da vida cotidiana.

**QUESTÃO 121**

Língua do meu Amor velosa e doce,
que me convences de que sou frase,
que me contornas, que me vestes quase,
como se o corpo meu de ti vindo me fosse.
Língua que me cativas, que me enleias
os surtos de ave estranha,
em linhas longas de invisíveis teias,
de que és, há tanto, habilidosa aranha...
[...]
Amo-te as sugestões gloriosas e funestas,
amo-te como todas as mulheres
te amam, ó língua-lama, ó língua-resplendor,
pela carne de som que à ideia emprestas
e pelas frases mudas que proferes
nos silêncios de Amor!...

MACHADO, G. In: MORICONI, I. (org.). *Os cem melhores poemas brasileiros do século*. Rio de Janeiro: Objetiva, 2001. (fragmento)

A poesia de Gilka Machado identifica-se com as concepções artísticas simbolistas. Entretanto, o texto selecionado incorpora referências temáticas e formais modernistas, já que, nele, a poeta

**A.** procura desconstruir a visão metafórica do amor e abandona o cuidado formal.

**B.** concebe a mulher como um ser sem linguagem e questiona o poder da palavra.

**C.** questiona o trabalho intelectual da mulher e antecipa a construção do verso livre.

**D.** propõe um modelo novo de erotização na lírica amorosa e propõe a simplificação verbal.
**E.** explora a construção da essência feminina, a partir da polissemia de "língua", e inova o léxico.

**Comentários**

Alternativa correta é a E.

Gilka Machado (Rio de Janeiro, 1893-1980) foi a maior figura feminina do Simbolismo brasileiro. Celebrizou-se por sua poesia sensual e por sua posição em defesa dos valores da mulher. É vasta a sua produção poética, destacando-se os livros *Cristais partidos*, de 1915, e *Estados de alma*, de 1917.

O poema "Lépida e leve" caracteriza-se por conter algumas das características centrais da temática dominante na lírica de Gilka Machado: a evanescência simbolista do fugidio e impalpável; o sentido polissêmico do vocábulo "língua", com intensa carga erótica; a funda tristeza sugerida na tensão entre o prazer e o desprazer do amor.

Para responder corretamente, o aluno deveria perceber que além de renovar a dicção simbolista com palavras e construções que anunciam timidamente os postulados modernistas, Gilka retrabalha, quase exaustivamente, a polissemia da palavra "língua", possibilitando que o leitor, por sua própria imaginação, vivencie mundos insuspeitos.

**Sugestão de atividade**

As questões apresentadas a seguir integraram também a prova do Enem 2011. O professor poderá solicitar aos alunos que as resolvam e façam um pequeno comentário sobre o texto e a proposta da questão. Os comentários apresentados nas outras questões poderão servir de orientação.

**QUESTÃO 106**

O tema da velhice foi objeto de estudo de brilhantes filósofos ao longo dos tempos. Um dos melhores livros sobre o assunto foi escrito pelo pensador e orador romano Cícero: *A Arte do Envelhecimento*. Cícero nota, primeiramente, que todas as idades têm seus encantos e suas dificuldades. E depois aponta para o paradoxo da humanidade. Todos sonhamos ter uma vida longa, o que significa viver muitos anos. Quando realizamos a meta, em vez de celebrar o feito, nos atiramos a um estado de melancolia e amargura. Ler as palavras de Cícero sobre envelhecimento pode ajudar a aceitar melhor a passagem do tempo.

NOGUEIRA, P. Saúde & Bem-Estar Antienvelhecimento. *Época*. 28 abr. 2008.

O autor discute problemas relacionados ao envelhecimento, apresentando argumentos que levam a inferir que seu objetivo é

A. esclarecer que a velhice é inevitável.
B. contar fatos sobre a arte de envelhecer.
C. defender a ideia de que a velhice é desagradável.
D. influenciar o leitor para que lute contra o envelhecimento.
E. mostrar às pessoas que é possível aceitar, sem angústia, o envelhecimento.

## QUESTÃO 109

Cultivar um estilo de vida saudável é extremamente importante para diminuir o risco de infarto, mas também de problemas como morte súbita e derrame. Significa que manter uma alimentação saudável e praticar atividade física regularmente já reduz, por si só, chances de desenvolver vários problemas. Além disso, é importante para o controle da pressão arterial, dos níveis de colesterol e de glicose no sangue. Também ajuda a diminuir o estresse e aumentar a capacidade física, fatores que, somados, reduzem as chances de infarto. Exercitar-se, nesses casos, com acompanhamento médico e moderação, é altamente recomendável.

ATALIA, M. Nossa vida. *Época*. 23 mar. 2009.

As ideias veiculadas no texto se organizam estabelecendo relações que atuam na construção do sentido. A esse respeito, identifica-se, no fragmento, que

A. a expressão "Além disso" marca uma sequenciação de ideias.
B. o conectivo "mas também" inicia oração que exprime ideia de contraste.
C. o termo "como", em "como morte súbita e derrame", introduz uma generalização.
D. o termo "Também" exprime uma justificativa.
E. o termo "fatores" retoma coesivamente "níveis de colesterol e de glicose no sangue".

## QUESTÃO 124

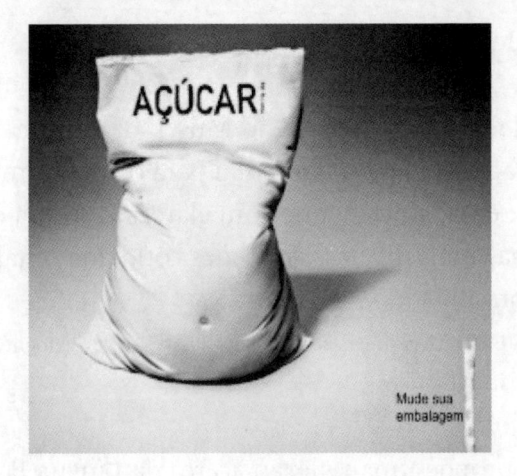

Disponível em: <http://www.ccsp.com.br>. Acesso em: 27 jul. 2010. (adaptado)

O texto é uma propaganda de um adoçante que tem o seguinte mote: "Mude sua embalagem". A estratégia que o autor utiliza para o convencimento do leitor baseia-se no emprego de recursos expressivos, verbais e não verbais, com vistas a

**A.** ridicularizar a forma física do possível cliente do produto anunciado, aconselhando-o a uma busca de mudanças estéticas.
**B.** enfatizar a tendência da sociedade contemporânea de buscar hábitos alimentares saudáveis, reforçando tal postura.
**C.** criticar o consumo excessivo de produtos industrializados por parte da população, propondo a redução desse consumo.
**D.** associar o vocábulo "açúcar" à imagem do corpo fora de forma, sugerindo a substituição desse produto pelo adoçante.
**E.** relacionar a imagem do saco de açúcar a um corpo humano que não desenvolve atividades físicas, incentivando a prática esportiva.

## QUESTÃO 127

**Entre ideia e tecnologia**

O grande conceito por trás do Museu da Língua é apresentar o idioma como algo vivo e fundamental para o entendimento do que é ser brasileiro. Se nada nos define com clareza, a forma como falamos o português nas mais diversas situações cotidianas é talvez a melhor expressão da brasilidade.

SCARDOVELI, E. *Revista Língua Portuguesa*. São Paulo: Segmento, Ano II, nº 6, 2006.

O texto propõe uma reflexão acerca da Língua Portuguesa, ressaltando para o leitor a

**A.** inauguração do museu e o grande investimento em cultura no país.
**B.** importância da língua para a construção da identidade nacional.
**C.** afetividade tão comum ao brasileiro, retratada através da língua.
**D.** relação entre o idioma e as políticas públicas na área de cultura.
**E.** diversidade étnica e linguística existente no território nacional.

## QUESTÃO 129

Há certos usos consagrados na fala, e até mesmo na escrita, que, a depender do estrato social e do nível de escolaridade do falante, são, sem dúvida, previsíveis. Ocorrem até mesmo em falantes que dominam a variedade padrão, pois, na verdade, revelam tendências existentes na língua em seu processo de mudança que não podem ser bloqueadas em nome de um "ideal linguístico" que estaria representado pelas regras da gramática normativa. Usos como *ter* por *haver* em construções existenciais (*tem* muitos livros na estante), o do pronome objeto na posição de sujeito (para *mim* fazer o trabalho), a não concordância das passivas com *se* (*aluga-se* casas) são indícios da existência, não de uma norma única, mas de uma pluralidade de normas, entendida, mais uma vez, norma como conjunto de hábitos linguísticos, sem implicar juízo de valor.

CALLOU, D. Gramática, variação e normas. *In*: VIEIRA, S. R.; BRANDÃO, S. (orgs). *Ensino de gramática*: *descrição e uso*. São Paulo: Contexto, 2007. (fragmento)

Considerando a reflexão trazida no texto a respeito da multiplicidade do discurso, verifica-se que

**A.** estudantes que não conhecem as diferenças entre língua escrita e língua falada empregam, indistintamente, usos aceitos na conversa com amigos quando vão elaborar um texto escrito.

**B.** falantes que dominam a variedade padrão do português do Brasil demonstram usos que confirmam a diferença entre a norma idealizada e a efetivamente praticada, mesmo por falantes mais escolarizados.

**C.** moradores de diversas regiões do país que enfrentam dificuldades ao se expressar na escrita revelam a constante modificação das regras de emprego de pronomes e os casos especiais de concordância.

**D.** pessoas que se julgam no direito de contrariar a gramática ensinada na escola gostam de apresentar usos não aceitos socialmente para esconderem seu desconhecimento da norma padrão.

**E.** usuários que desvendam os mistérios e sutilezas da língua portuguesa empregam formas do verbo *ter* quando, na verdade, deveriam usar formas do verbo *haver*, contrariando as regras gramaticais.

## 7.3 Comentários de uma proposta de redação

**PROPOSTA DE REDAÇÃO (Enem 2011)**

Com base na leitura dos textos motivadores seguintes e nos conhecimentos construídos ao longo de sua formação, redija texto dissertativo-argumentativo em norma padrão da língua portuguesa sobre o tema **VIVER EM REDE NO SÉCULO XXI: OS LIMITES ENTRE O PÚBLICO E O PRIVADO**, apresentando proposta de conscientização social que respeite os direitos humanos. Selecione, organize e relacione, de forma coerente e coesa, argumentos e fatos para defesa de seu ponto de vista.

**Liberdade sem fio**

A ONU acaba de declarar o acesso à rede um direito fundamental do ser humano – assim como saúde, moradia e educação. No mundo todo, pessoas começam a abrir seus sinais privados de *wi-fi*, organizações e governos se mobilizam para expandir a rede para espaços públicos e regiões aonde ela ainda não chega, com acesso livre e gratuito.

ROSA, G.; SANTOS, P. *Galileu*. Nº 240, jul. 2011. (fragmento)

**A internet tem ouvidos e memória**

Uma pesquisa da consultoria Forrester Research revela que, nos Estados Unidos, a população já passou mais tempo conectada à internet do que em frente à televisão. Os hábitos estão mudando. No Brasil, as pessoas já gastam cerca de 20% de seu tempo *on-line* em redes sociais. A grande maioria dos internautas (72%, de acordo com o Ibope

Mídia) pretende criar, acessar e manter um perfil em rede. "Faz parte da própria socialização do indivíduo do século XXI estar numa rede social. Não estar equivale a não ter uma identidade ou um número de telefone no passado", acredita Alessandro Barbosa Lima, CEO da e.Life, empresa de monitoração e análise de mídias.

As redes sociais são ótimas para disseminar ideias, tornar alguém popular e também arruinar reputações. Um dos maiores desafios dos usuários de internet é saber ponderar o que se publica nela. Especialistas recomendam que não se deve publicar o que não se fala em público, pois a internet é um ambiente social e, ao contrário do que se pensa, a rede não acoberta anonimato, uma vez que mesmo quem se esconde atrás de um pseudônimo pode ser rastreado e identificado. Aqueles que, por impulso, se exaltam e cometem gafes podem pagar caro.

Disponível em: <http://www.terra.com.br>. Acesso em: 30 jun. 2011. (adaptado)

DAHMER, A. Disponível em: <http://malvados.wordpress.com>. Acesso em: 30 jun. 2011.

**INSTRUÇÕES:**

- O **rascunho** da redação deve ser feito no espaço apropriado.
- O **texto definitivo** deve ser escrito **a tinta**, na **folha própria**, em até **30 linhas**.
- A redação com até 7 (sete) linhas será considerada "insuficiente" e receberá nota zero.
- A redação que fugir ao tema ou que não atender ao **tipo dissertativo-argumentativo** receberá nota zero.
- A redação que apresentar cópia dos textos da Proposta de Redação ou do Caderno de Questões terá o número de linhas copiadas desconsiderado para efeito de correção.

**Comentários**

A resposta a qualquer questão de prova deve ser precedida da leitura cuidadosa do enunciado, com frequência mais de uma vez, a fim de que fique perfeitamente entendido seu teor, garantindo que nenhum detalhe seja desconsiderado. Se esse é o procedimento adequado para as questões objetivas, mais necessário ainda se faz quando se trata da questão de redação.

A proposta de redação do Enem 2011 contém uma série de aspectos a que o candidato precisaria ater-se, sob condição de ser penalizado pelos avaliadores. Por exemplo:

- a abordagem do tema proposto seria imprescindível, com foco no crescimento do processo de socialização, no século XXI, através de redes (dentre as quais a mais conhecida é o *facebook*), sem deixar de abordar a possibilidade que a abdicação de informações que seriam estritamente privadas, ao caírem no domínio público, venham a sujeitar o internauta a maledicências e prejuízos à sua reputação;
- o tipo de texto a ser redigido é o dissertativo-argumentativo, em prosa, que tem uma estrutura própria, diferente de um texto

narrativo ou descritivo. Assim, com base na situação-problema proposta, o candidato deveria, no primeiro parágrafo, posicionar-se, expressar sua opinião, ou seja, apresentar uma tese, fundamentando-se nos textos fornecidos como subsídio, porém sem copiá-los. Nos dois ou três parágrafos seguintes, o candidato apresentaria argumentos e fatos em defesa de seu ponto de vista, devidamente coerentes e inter-relacionados. Por fim, no último parágrafo, a conclusão, com uma proposta de conscientização social, em respeito aos direitos humanos, a fim de que as redes assumam um caráter essencialmente positivo, servindo tanto como instrumento de interação, com difusão de ideias e conhecimentos, quanto para mobilização de campanhas e causas sociais e políticas;

- o texto deveria ser redigido levando em conta a norma padrão da língua portuguesa. Assim, impõe-se a seleção vocabular, sem espaço para gírias ou expressões próprias da linguagem oral, e a construção da estrutura frasal de acordo com as regras de concordância, de regência e dos sinais de pontuação;
- o texto definitivo, escrito à tinta no local próprio, só seria considerado a partir de 7 (sete) linhas, devendo alcançar, no máximo, 30 (trinta) linhas.

Cabe ressaltar que seria atribuída nota zero à redação, caso ficasse constatado que o candidato fugiu ao tema, não construiu um texto dissertativo-argumentativo ou deixou de escrever pelo menos 7 (sete) linhas. Aplica-se a nota Zero também às redações completamente ilegíveis. Aquelas em que se apresentou, na conclusão, uma proposta de solução ou de amenização da situação-problema absolutamente incompatível com o comportamento civilizado, cidadão e politicamente correto, esperado, sobretudo, do candidato a ingressar numa universidade, ficariam bastante prejudicadas, tendo em vista que perderiam todos os pontos disponibilizados para essa parte do texto.

A respeito dos textos fornecidos como subsídio, o candidato deveria entendê-los como instrumentos de contextualização e fomento de ideias, valorizando a assimilação do enfoque que cada um dá ao tema, para que pudesse construir o seu próprio ponto de vista.

Na prova de redação do Enem 2011, o primeiro texto, "Liberdade sem fio", trata, de maneira efusiva, de recente declaração da ONU, em que considera o acesso à rede um direito fundamental do ser humano, no mesmo nível da saúde, moradia e educação.

O segundo texto, "A internet tem ouvidos e memória", mantém o tom, destacando o grande número de brasileiros que passa boa parte de seu tempo conectado às redes sociais. Chama a atenção, no entanto, para o risco de se compartilhar com desconhecidos informações privadas, expondo-se a ter de sofrer pesadas consequências por aderir a práticas que denotam falta de bom-senso ou ingenuidade.

Já no terceiro texto, uma tirinha, o personagem se insurge contra o monitoramento das câmeras de segurança, hoje instaladas nos prédios, nas ruas e até em ambientes fechados, o mesmo controle a que se submetem os que participam das redes sociais. Só que, como sugere o terceiro quadro, a exposição é um caminho sem volta, uma vez que quem assedia, toma conta, monitora, também está sujeito ao mesmo processo.

Como podemos constatar, os textos apresentados como subsídio inflam de ideias a cabeça do candidato. Não teria sido por falta delas que o candidato entregaria sua prova em branco. Cabia-lhe apenas selecionar de quais faria uso, organizá-las e, finalmente, expressá-las linguisticamente.

## 8. Conclusão

Uma preocupação dos professores que trabalham com o ensino médio é obter sucesso no encaminhamento de seus alunos nos diferentes desafios da vida, nas diversas formas de interação do dia a dia, na continuação dos estudos e na opção profissional. Sabemos que dominar a expressão oral e escrita fornece vantagem a todos que desejam participar ativamente de um mundo em que a competitividade e o incentivo à meritocracia se fazem presentes em todos os segmentos da sociedade. Daí a importância e a responsabilidade do professor de língua portuguesa nesta etapa da vida dos jovens.

Pensando no trabalho que o professor desenvolve e buscando oferecer alternativas teórico-metodológicas pertinentes às necessidades dos alunos, as práticas discursivas trabalhadas neste livro objetivaram conduzir a atividade docente a uma conscientização da importância de levar o aluno à autonomia comunicativa, ou seja, ser capaz de ler com proficiência e produzir textos orais e escritos de diferentes gêneros.

Cada capítulo deste livro buscou, com a revisão de questões teóricas e as sugestões de atividades, colaborar com o professor nessa tarefa de preparar os alunos para os desafios que irão enfrentar. Para alcançar os objetivos, as práticas aqui desenvolvidas priorizaram o desenvolvimento das competências e habilidades expressas nos Parâmetros Curriculares Nacionais para o Ensino Médio (PCN's).

Entendemos também que o professor de Língua Portuguesa tem uma responsabilidade ainda mais especial no tocante à aquisição do conhecimento, que é o gerador e impulsionador dos grandes avanços tecnológicos, contribuindo para o êxito dos nossos alunos nas diferentes etapas da vida.

Tendo em vista essa perspectiva, incluímos neste livro um capítulo sobre a aquisição do conhecimento e o armazenamento de informações. Trabalhamos atividades de resumo, de resenha, de fichamento, além de sugerir a adoção do portfólio como metodologia de acompanhamento das diferentes fases da aprendizagem e como instrumento para estimular o aluno num processo contínuo de autoavaliação. Esse capítulo se dedicou, assim, ao ato de aprender a aprender, de busca voluntária do conhecimento, objetivando a internalização de informações que se reproduzirão nas diferentes formas de interação do uso da língua.

Dedicamos igualmente espaço aos atos de ler/interpretar, falar e escrever. Foram sugeridas atividades a partir das noções de gênero textual, modos de organização do discurso, condições de produção, de argumentação, com a finalidade de oferecer ao aluno instrumento para que possa integrar-se adequadamente às diferentes situações de interação.

Como o ensino da literatura possui um lugar especial na formação do aluno como leitor crítico, não poderíamos deixar de tecer observações e apresentar proposta para o estudo da literatura no ensino médio. A metodologia sugerida explora a escolha de temas e a inserção do texto no contexto de sua produção, a partir de um projeto intertextual e interdisciplinar.

Apresentamos também comentários sobre as questões objetivas e a redação da prova do Enem e sugerimos que o professor realize com os alunos atividades de reflexão em relação aos mecanismos que devem utilizar para a compreensão dos enunciados das questões e do tema solicitado na prova de redação.

Com o propósito de auxiliar professores e alunos a se familiarizarem com as mudanças ortográficas que terão que adotar no dia a dia, principalmente no que diz respeito à acentuação gráfica e emprego do hífen, apresentamos, em forma de Anexo, um quadro resumitivo do que será necessário saber para se escrever corretamente. Julgamos que a consulta a ele, sempre que houver dúvida, será de grande utilidade para todos.

Assim, o escopo deste livro é contribuir para a formação continuada do professor de ensino médio, apresentando sugestões tanto em termos de metodologias quanto de atividades visando a colaborar para a melhoria da qualidade de ensino em nosso país.

# Referências

ABREU, Antônio Suárez. *A Arte de argumentar. Gerenciando razão e emoção*. Cotia: Ateliê Editorial, 2001.

ABREU, Antônio Suárez. *Curso de redação*. São Paulo: Editora Ática, 1991.

ALBUQUERQUE, Carlos. Bon Jovi faz show sem brilho na Apoteose, mas satisfaz fãs com hits do passado. Disponível em: <http://oglobo.globo.com/cultura/bon-jovi-faz-show-sem-brilho-na-apoteose-mas-satisfaz-fas-com-hits-do-passado-2941785>. Acesso em: 07 jan. 2012.

AULETE, Caldas. *Dicionário Aulete de bolso da língua portuguesa*. Porto Alegre: L&PM; Rio de Janeiro: Lexikon, 2011.

AZEREDO, José Carlos de. A quem cabe ensinar a leitura e a escrita? In: *Da língua ao discurso: reflexões para o ensino*. Rio de Janeiro: Lucerna, 2005. P. 37-38.

AZEVEDO, Fernando. Desenvolver a aprendizagem ativa de competências através da literatura. In: SOUSA, Otília; CARDOSO, Adriana. *Desenvolver competências em Língua Portuguesa*. Lisboa: Centro Interdisciplinar de Estudos Educacionais da Escola Superior de Educação Superior de Lisboa, 2008. P. 75-88.

BAKHTIN, Mikhail. *Marxismo e filosofia da linguagem*. São Paulo: Hucitec, 1992.

BAZERMAN, Charles. *Gênero, agência e escrita*. HOFFNAGEL, Judith Chambliss, DIONISIO, Angela Paiva (orgs). São Paulo: Cortez, 2006.

BRASIL. Parâmetros curriculares nacionais: ensino médio. Brasília: MEC/SEMTEC, 1999.

\_\_\_\_\_. PCN+ ensino médio. Orientações educacionais complementares aos Parâmetros curriculares nacionais. [Linguagens, códigos e suas tecnologias] Brasília: MEC/SEMTEC, 2002.

\_\_\_\_\_. Matrizes de referência do SAEB – Língua portuguesa e Matemática. Brasília: MEC/INEP, 2001.

BUNZEN, Clecio. Da era da composição à era dos gêneros: o ensino de produção de texto no ensino médio. In: BUNZEN, Clecio; MENDONÇA, Márcia (orgs.). *Português no ensino médio e formação do professor*. 3ª ed. São Paulo: Parábola Editorial, 2009. P. 139-161.

CARMO, João Clodomiro do. *O que é informática*. 4ª ed. São Paulo: Editora Brasiliense, 1989.

CASTRO, Marcelo Macedo Corrêa e. *Por que escrever? (uma discussão sobre o ensino da produção textual)*. Rio de Janeiro: M. Corrêa e Castro, 2005.

CAVALCANTE, Marianne C. B.; MELO, Cristina, T. V. de. Oralidade no ensino médio: em busca de uma prática. In: BUNZEN, Clecio; MENDONÇA, Márcia (orgs.). In: *Português no ensino médio e formação do professor*. 3ª ed. São Paulo: Parábola Editorial, 2009. P. 181-226.

CUNHA, Celso. *Uma política do idioma*. 5ª. ed. Rio de Janeiro: Tempo Brasileiro, 1984.

_____. *Gramática do português contemporâneo*. 2ª. ed. PEREIRA, Cilene Cunha (org.). Rio de Janeiro: Lexikon; Porto Alegre: L&PM, 2010.

DUBOIS, Jean *et al*. *Dicionário de Linguística*. São Paulo, Ed. Cultrix, 1998.

FERNANDES, Domingos. *Avaliação das aprendizagens: desafios às teorias, práticas e políticas*. Lisboa: Texto Editorres, 2005.

FERRAZ, Janaína de Aquino. *Gêneros multimodais: novos caminhos discursivos*. Disponível em: <http://www.fflch.usp.br/dlcv/enil/pdf/2_Janaina_AF.pdf>. Acesso em: 10 dez. 2011.

FURNALETTO, Maria Marta. Ensino de Língua Portuguesa: focalizando as práticas discursivas. *III Simpósio Internacional e VI Fórum Nacional de Educação. Políticas Públicas, Gestão da Educação, Formação e Atuação do Educador*. Torres: Ulbra, 2009. Disponível em: <http://forum.ulbratorres.com.br/2009/palestras_texto/PALESTRA%2016.pdf>. Acesso em: 2 jan. 2012.

GARCEZ, Lucília H. do Carmo. *Técnica de redação: o que é preciso saber para bem escrever*. São Paulo: Martins Fontes, 2004.

GARCIA, Othon Moacyr. *Comunicação em prosa moderna*. 27ª edição. Rio de Janeiro: Editora Fundação Getúlio Vargas, 2010.

ILARI, Rodolfo. *Introdução à semântica – brincando com a gramática*. São Paulo, Editora Contexto, 2002.

KRESS, G. R.; van LEEUWEN, T. *Reading images: Grammar of visual design*. Londres: Routledge, 1996.

KOCH, Ingedore Villaça; ELIAS, Vanda. *Ler e compreender: os sentidos do texto*. 2ª Ed. São Paulo: Editora Contexto, 2006.

MACHADO, Anna Rachel; LOUSADA, Eliane Gouvêa; ABREU--TARDELLI, Lília Santos. *Resumo*. São Paulo: Parábola Editorial, 2004.

_____. *Resenha*. São Paulo: Parábola Editorial, 2004.

MAGALHÃES, Violante F. A promoção da leitura literária na infância: um mundo de verdura a não perder. In: SOUSA, Otília; CARDOSO, Adriana. *Desenvolver competências em Língua Portuguesa*. Lisboa: Centro Interdisciplinar de Estudos Educacionais da Escola Superior de Educação Superior de Lisboa, 2008. P. 55-73.

MARCONI, Marina de Andrade & LAKATOS, Eva Maria. *Técnicas de pesquisa*. São Paulo, Atlas, 1982. P. 26-27

MARCUSCHI, Luiz Antônio. Gêneros textuais: definição e funcionalidade. In: DIONÍSIO, Ângela Paiva; MACHADO, Anna Rachel; BEZERRA, Maria Auxiliadora (orgs.). *Gêneros textuais e ensino*. 1ª ed., 1ª reimpressão. São Paulo: Parábola Editorial, 2011, p. 19-38.

MEDEIROS, João B. *Técnicas de redação*. São Paulo: Atlas, 1983.

MOITA-LOPES, L. P.; ROJO, R. H. R. Linguagens, códigos e suas tecnologias. In: BRASIL. Ministério da Educação. *Orientações Curriculares de Ensino Médio*. Brasília, DF: MEC/SEB/DPEM, 2004. P. 14-56.

MOTA, Cláudio. Migrantes do tempo. In: *O Globo*. Suplemento Planeta Terra. Rio de Janeiro, 24 jan. 2012. p.8-9.

NICOLA, José de e TERRA, Ermani. *Curso prático de Língua, Literatura e Redação. Volume 1*. São Paulo: Scipione, 1997.

PETRUCCI, A. *Scrivere e no*. Roma: Editora Riuniti, 1987.

RAMOS, Jânia. *O espaço da oralidade na sala de aula*. São Paulo: Martins Fontes, 1997.

RIEDEL, Dirce et al. *Literatura Brasileira em curso*. Rio de Janeiro: Bloch Editores, 1975.

SALVADOR, A. D. *Métodos e técnicas de pesquisa bibliográfica*. Porto Alegre: Editora Sulina, 1991.

SERAFINI, Maria Teresa. *Como escrever textos*. Rio de Janeiro: Editora Globo, 1987.

SILVA, Maria Encarnação. A escrita de textos: da teoria à prática. In: SOUSA, Otília; CARDOSO, Adriana. *Desenvolver competências em Língua Portuguesa*. Lisboa: Centro Interdisciplinar de Estudos Educacionais da Escola Superior de Educação Superior de Lisboa, 2008. P. 55-73.

TELES, Gilberto Mendonça. *Camões e a poesia brasileira e o mito camoniano na língua portuguesa*. Lisboa: Imprensa Nacional, Casa da Moeda, 2000.

# Anexo

## Resumo do novo acordo ortográfico

**Decreto n° 6.583, de 29 de setembro de 2008**
Promulga o Acordo Ortográfico da Língua Portuguesa, assinado em Lisboa, em 16 de dezembro de 1990.

O PRESIDENTE DA REPÚBLICA, no uso da atribuição que lhe confere o art. 84, inciso IV, da Constituição, e

Considerando que o Congresso Nacional aprovou, por meio do Decreto Legislativo n° 54, de 18 de abril de 1995, o Acordo Ortográfico da Língua Portuguesa, assinado em Lisboa, em 16 de dezembro de 1990;

Considerando que o Governo brasileiro depositou o instrumento de ratificação do referido Acordo junto ao Ministério dos negócios Estrangeiros da República Portuguesa, na qualidade de depositário do ato, em 24 de junho de 1996;

Considerando que o Acordo entrou em vigor internacional em 1° de janeiro de 2007, inclusive para o Brasil, no plano jurídico externo;

DECRETA:

Art. 1° O Acordo Ortográfico da Língua Portuguesa, entre os Governos da República de Angola, da República Federativa do Brasil, da República de Cabo Verde, da República de Guiné-Bissau, da República de Moçambique, da República Portuguesa e da República Democrática de São Tomé e Príncipe, de 16 de dezembro de 1990, apenso por cópia ao presente Decreto, será executado e cumprido tão inteiramente como nele se contém.

Art. 2° O referido Acordo produzirá efeitos somente a partir de 1° de janeiro de 2009.

Parágrafo único. A implementação do Acordo obedecerá ao período de transição de 1º de janeiro de 2009 a 31 de dezembro de 2012, durante o qual coexistirão a norma ortográfica atualmente em vigor e a nova norma estabelecida.

Art. 3º São sujeitos à aprovação do Congresso Nacional quaisquer atos que possam resultar em revisão do referido Acordo, assim como quaisquer ajustes complementares que, nos termos do art. 49, inciso I, da Constituição, acarretem encargos ou compromissos gravosos ao patrimônio nacional.

Art. 4º Este Decreto entra em vigor na data de sua publicação.

Brasília, 29 de setembro de 2008; 187º da Independência e 120º da República.

**LUIZ INÁCIO LULA DA SILVA**
*Celso Luiz Nunes Amorim*

# O NOVO ACORDO ORTOGRÁFICO

## ALFABETO

| Nova regra | Regra antiga | Como ficou |
|---|---|---|
| O alfabeto é agora formado por 26 letras. | O "k", "w" e o "y" não eram consideradas letras do nosso alfabeto. | Essas letras são usadas em siglas, símbolos, nomes próprios, palavras estrangeiras e seus derivados: km, kg, watt, yd (jarda), Byron, byroniano |

## TREMA

| Nova regra | Regra antiga | Como ficou |
|---|---|---|
| Não existe mais o trema em língua portuguesa. Apenas em casos de nomes próprios estrangeiros e seus derivados: Müller, mülleriano. | agüentar, conseqüência, cinqüenta, qüinqüênio, freqüência, eloqüência, argüição, tranqüilo, pingüim, lingüiça, ungüento | aguentar, consequência, cinquenta, quinquênio, frequência, eloquência, arguição, tranquilo, pinguim, linguiça, unguento |

| ACENTUAÇÃO | | |
|---|---|---|
| **Nova regra** | **Regra antiga** | **Como ficou** |
| Ditongos abertos (ei, oi) não são mais acentuados em palavras paroxítonas. | assembléia, platéia, idéia, boléia, bóia, paranóia, jóia, jibóia, apóio, heróico, clarabóia | assembleia, plateia, ideia, boleia, boia, paranoia, joia, jiboia, apoio, heroico, claraboia |

Obs. 1. Nos ditongos abertos de palavras oxítonas e monossílabas o acento permanece: herói, constrói, dói, anéis, papéis, pincéis.

2. O acento no ditongo aberto "eu" continua: chapéu, troféu, ilhéu, céu, véu.

| **Nova regra** | **Regra antiga** | **Como ficou** |
|---|---|---|
| Os hiatos "oo" e "ee" não são mais acentuados. | enjôo, vôo, perdôo, abençôo, povôo, côo, môo, crêem, dêem, lêem, vêem, descrêem, relêem, revêem | enjoo, voo, perdoo, abençoo, povoo, coo, moo, creem, deem, leem, veem, descreem, releem, reveem |

| Nova regra | Regra antiga | Como ficou |
|---|---|---|
| Não existe mais o acento diferencial em palavras homógrafas. | pára (verbo), péla (substantivo e verbo), pêlo (substantivo), pêra (substantivo), péra (substantivo), pólo, pôlo (substantivos) | para (verbo), pela (substantivo e verbo), pelo (substantivo), pera (substantivo), pera (substantivo), polo, polo (substantivos) |
| Obs. O acento diferencial permanece no verbo "poder" (3ª pessoa do pretérito perfeito — pôde) e no verbo "pôr" para diferenciar da preposição "por"; é ainda facultativo no substantivo "fôrma", para diferenciar de "forma", quando a clareza da frase o exigir. | | |

| Nova regra | Regra antiga | Como ficou |
|---|---|---|
| Não se acentua mais a letra "u" nas formas verbais rizotônicas, nos grupos "gue", "gui", "que", "qui". | argúi, apazigúe, agúe, averigúe, enxagúe, argúem, delinqúe | argui, apazigue, ague, averigue, enxague, arguem, delínque<br><br>Mas também: apazígue, águe, averígue, enxágue<br><br>Obs. eu arguí (pret. perf.) |

| Nova regra | Regra antiga | Como ficou |
|---|---|---|
| Não se acentua mais "i" e "u" tônicos em paroxítonos quando precedidos de ditongo. | baiúca, boiúna, boiúno, Bocaiúva, feiúra, feiúme, Sauípe | baiuca, boiuna, boiuno, Bocaiuva, feiura, feiume, Sauipe |

| HÍFEN | | |
|---|---|---|
| **Nova regra** | **Regra antiga** | **Como ficou** |
| O hífen não é mais utilizado em palavras formadas de prefixos (ou falsos prefixos) terminados em vogal + palavras iniciadas por "r" ou "s", devendo ser essas dobradas. | ante-sala, anti-social, auto-retrato, anti-rugas, auto-suficiente, auto-sugestão, contra-senso, contra-senha, infra-som, ultra-sonografia, supra-renal, semi-reta, arqui-rival, ultra-radical | antessala, antissocial, autorretrato, antirrugas, autossuficiente, autossugestão, contrassenso, contrassenha, infrassom, ultrassonografia, suprarrenal, semirreta, arquirrival, ultrarradical |
| Obs. Com os prefixos terminados por "r" (super, hiper, inter, nuper), permanece o hífen se a palavra seguinte começar pela mesma letra: inter-racial, inter-regional, hiper-resistente, super-racional, nuper-republicano. | | |
| **Nova regra** | **Regra antiga** | **Como ficou** |
| O hífen não é mais utilizado em palavras formadas por prefixos (ou falsos prefixos) terminados em vogal + palavras iniciadas por outra vogal diferente. | auto-ajuda, auto-escola, auto-estrada, contra-indicação, extra-escolar, extra-oficial, infra-estrutura, intra-uterino, semi-aberto, semi-árido, ultra-elevado | autoajuda, autoescola, autoestrada, contraindicação, extraescolar, extraoficial, infraestrutura, intrauterino, semiaberto, semiárido, ultraelevado |

| | | |
|---|---|---|
| Obs. Esta regra não se aplica quando a palavra seguinte iniciar por "h": anti-herói, anti-higiênico, extra-humano, semi-hospitalar, sobre-humano. | | |
| **Nova regra** | **Regra antiga** | **Como ficou** |
| Agora utiliza-se o hífen quando a palavra é formada por um prefixo (ou falso prefixo) terminado em vogal + palavra iniciada pela mesma vogal. | antiibérico, antiinflamatório, antiimperialista, arquiinimigo, microondas, microônibus, microorganismo | anti-ibérico, anti-inflamatório, anti-imperialista, arqui-inimigo, micro-ondas, micro-ônibus, micro-organismo,<br><br>E mais: contra-ataque, contra-almirante, tele-entrega, infra-assinado, auto-observação |

| **OBSERVAÇÕES GERAIS** |
|---|
| 1. O uso do hífen permanece em palavras compostas que não contêm formas de ligação, cujos elementos, de natureza nominal, adjetival, numeral ou verbal, constituem uma unidade semântica e mantêm acento próprio, podendo dar-se o caso de o primeiro elemento estar reduzido: decreto-lei, médico-cirurgião, turma-piloto, amor-perfeito, tio-avô, tenente-coronel, afro-brasileiro, luso-espanhol, anglo-saxônico, finca-pé, conta-gotas, quinta-feira, guarda-chuva, sul-africano, azul-escuro, beija-flor, para-choque, para-lama, para-brisa. |
| 2. Certos compostos em relação aos quais se perdeu a noção de composição grafam-se sem hífen: girassol, madressilva, mandachuva, pontapé, passatempo, passaporte, paraquedas, paraquedista, paraquedismo. |
| 3. Emprega-se o hífen nas palavras compostas que designam espécies botânicas e zoológicas, estejam ou não os elementos ligados por preposição: couve-flor, erva-doce, ervilha-de-cheiro, bem-me-quer (cf. malmequer), formiga-branca, cobra-d'água, andorinha-do-mar, lesma-de-conchinha, bem-te-vi. |
| 4. O hífen permanece em palavras formadas com os prefixos "ex-", vice-": ex-marido, ex-atleta, ex-diretor, ex-aluno, vice-presidente, vice-reitor, vice-prefeito. |
| 5. O hífen permanece em palavras formadas com os prefixos "circum" e "pan", quando o segundo elemento começa por vogal, "m" ou "n" (além do "h"): circum-escolar, circum-hospitalar, circum-murado, circum-navegação, pan-americano, pan-hispânico, pan-mítico, pan-negritude. |

| |
|---|
| 6. O hífen permanece em palavras com os prefixos acentuados "pré-", "pró-" e "pós-", quando o segundo elemento tem significado próprio: pré-escolar, pré-natal, pós-parto, pós-graduação, pró-europeu, pró-africano. |
| 7. O hífen permanece em palavras formadas com os elementos "além", "aquém", "recém", "sem": além-mar, além-fronteiras, aquém-oceano, recém-nascido, recém-casado, sem-número, sem-teto, sem-terra, sem-vergonha. |
| 8. Com o prefixo "sub-" emprega-se o hífen se o segundo elemento começar por "b", "r" ou "h": sub-base, sub-bibliotecário, sub-raça, sub-reitor, sub-rogar, sub-humano. |
| 9. Emprega-se o hífen com os elementos "-mor" e "-geral": capitão-mor, guarda-mor, ouvidor-mor, Inspetor-Geral, Controladoria-Geral. |
| 10. Não se usa o hífen em locuções (substantivas, adjetivas, pronominais, adverbiais, prepositivas, conjuncionais): cão de guarda, mão de obra, fim de semana, pão de mel, sala de jantar, cartão de visita, café com leite, à vontade, abaixo de, acerca de, apesar de que. <br><br> Exceções: água-de-colônia, arco-da-velha, cor-de-rosa, mais-que-perfeito, pé-de-meia, ao deus-dará, à queima-roupa, pão-duro. |

CILENE DA CUNHA PEREIRA é mestre e doutora em Letras pela UFRJ, onde lecionou por mais de 25 anos. Tem participado, desde 2002, de processos de avaliação do ensino em nível nacional, estadual e municipal e de atualização de professores dos ensinos fundamental e médio. É a organizadora da *Gramática do Português Contemporâneo*, de Celso Cunha (Lexikon e L&PM, 2ª ed., 2010) e coautora de *Dúvidas em Português nunca mais* (Lexikon, 3ª ed., 2011).

JANETE DOS SANTOS BESSA NEVES é mestre e doutora em Letras pela PUC-Rio. Fez pós-doutorado na Universidade Nova de Lisboa. Possui experiência no ensino superior como professora na PUC-Rio. Trabalha na formação de professores de ensino fundamental e médio, ministrando cursos de aperfeiçoamento e especialização em Língua Portuguesa. Compõe equipes de professores em diversos sistemas de avaliação (Saeb, Enem, Enade, Saresp e Encceja). É autora de *Corre voz no jornalismo do início do século XIX. Estudo semântico-enunciativo do Correio Braziliense e da Gazeta de Lisboa* (Paco Editorial, 2012).

Este livro foi impresso em São Paulo, em outubro de 2012, pela
RR Donnelley Gráfica e Editora para a Lexikon Editora.
A fonte usada no miolo é a LeMondeLivre, em corpo 11.
O papel do miolo é offset 75g/m² e o da capa é cartão 250g/m².